KB243040

류마티스 관절염으로 붓을 놓을 수밖에 없었던 화가 존 컬리슨이
줄기세포 투여 후 다시 그림을 그릴 수 있게 되어
현미경 속 줄기세포를 그려 선물해준 그림.

늙지 않고 아프지 않는 지혜

늙지 않고
아프지 않는 지혜
줄기세포에서 찾은 영성

초판 1쇄 발행 2026년 2월 14일
초판 7쇄 인쇄 2026년 3월 16일

지은이 라정찬

펴낸이 김찬희
펴낸곳 끌리는책

출판등록 신고번호 제25100-2011-000073호
주소 서울시 구로구 연동로 11길 9, 202호
전화 영업부 (02)335-6936 편집부 (02)2060-5821
팩스 (02)335-0550
이메일 happybookpub@gmail.com
페이스북 www.facebook.com/happybookpub/
블로그 blog.naver.com/happybookpub

ISBN 979-11-989397-7-7 03230
값 17,000원

- 잘못된 책은 구입하신 서점에서 교환해드립니다.
- 이 책 내용의 일부 또는 전부를 재사용하려면 반드시 사전에 저작권자와 출판권자에게
  서면에 의한 동의를 얻어야 합니다.

* 본 도서는 집필 과정에서 자료 정리, 표현 다듬기 등 일부 제한된 범위에서 인공지능(AI) 기반 도구를 보조적으로
  활용하였습니다. 다만 모든 내용의 기획, 해석, 검토와 최종 결정은 저자의 판단에 따랐으며 그에 대한 저작권 및
  책임 또한 전적으로 저자에게 있습니다.

늙지 않고 아프지 않는 지혜
줄기세포에서 찾은 영성

라정찬 지음

R4+4H=LOVE

차례

줄기세포 창생의학의 길을 시작하며

'새로움'이라는 단어에는 언제나 신선함과 생동감 그리고 희망이 담겨 있습니다. 그 설렘 속에서 이른 새벽에 일어나 새로운 연구개발 프로젝트를 구상했습니다. 만성신부전으로 투석하면서 신장 이식을 애타게 기다리는 환자들을 생각하며 새로운 줄기세포 치료제 개발을 계획했습니다.

AI의 도움을 받으니 전 세계 연구자들이 발표한 연구 성과를 채 10분도 걸리지 않은 시간에 조사할 수 있었고, 연구계획서는 한 시간 만에 완성하여 미국에서의 상용화까지 이어지는 마일스톤(milestone, 이정표) 또한 분명하게 그려볼 수 있었습니다. 하지만 AI로도 미지의 미래를 알 수는 없습니다. 얼마나 많은 시간이 걸릴지도 알 수 없습니다. 결국 미래는 하나님의 시간입니다.

돌이켜보면 줄기세포 연구를 시작한 후 일본에서 재생의료 기술로 실용화에 이르기까지 그리고 대한민국의 성체줄기세포 기술로 미국에서 난치병 환자를 치료하며 볼티모어에 줄기세포 컴퍼스의 청사진을 그리기까지 꼬박 25년이 흘렀습니다. 그 길에는 수많은 난관과 시행착오, 실수와 잘못도 있었습니다. 그럼에도 포기하지 않고 다시 도전할 수 있었던 것은 이 일이 생명을 살리는 일이었기 때문입니다.

세상의 눈으로 보기에는 작고 미미해 보일지라도, 생명의 주인이신 여호와 하나님이 기특하게 여기실 길이라 믿었기에 끝까지 걸어올 수 있었습니다. 25년이라는 '크로노스(Chronos)'의 시간은 천 년이 하루 같은 여호와 하나님의 '카이로스(Kairos)' 안에서는 찰나의 순간에 불과합니다. 지난 시간의 실패와 아픔은 먼지처럼 털어버리고, 다시 새로운 성체줄기세포 기술을 통해 '늙지 않고 아프지 않는 세상'을 바라볼 수 있게 되었습니다.

인간의 몸 소우주 속에 존재하는 줄기세포를 탐구하며, 성경 속 예수님의 치유 기적이 단순한 비유가 아니라 실제적 진리임을 믿게 되었습니다. 늙지 않고 아프지 않는 지혜를 구하며 기도하고,

말씀을 묵상하며 그 길을 찾아 나섰습니다.

새로움(New)은 설렘을 주고, 다시 새로워짐(Renew)은 믿음을 줍니다. 다시 새로워진다는 것은 눈물로 얼룩진 인생의 광야를 지나 깨달음과 순종으로 맞이하는 은혜의 시간입니다. 이 책은 다시 새롭게 줄기세포 연구를 시작한 이후 12년 동안, 기도와 말씀에 의지해 달려온 여정의 중간 보고서입니다.

세상의 성공보다 하나님이 기뻐하시는 일을 목표로 '엔젤줄기세포'를 연구하고 개발하며 실용화에 힘써왔고, 그 과정에서 발견한 영성을 많은 사람과 나누고 싶었습니다.

늙고 아픈 이들이 다시 새로운 영·혼·육으로 회복되는 길은 바로 여호와 하나님 사랑의 길입니다. 예수님의 사랑 안에서 살아갈 때, 인생은 다시 새로워집니다. 줄기세포가 우리 몸의 세포를 살리고 젊게 하고 고치고 다시 새 몸으로 태어나도록 돕는 것은 하나님의 사랑이 이 땅에 남겨두신 아주 작은 표징이라 믿습니다.

이제 '줄기세포 창생의학'의 길을 다시 새롭게 시작합니다. 인류가 늙지 않고 아프지 않는 세상을 향해 나아가는 이 길이 비록 힘들지라도, 선한 열매를 맺게 될 것을 믿으며 다시 출발합니다.

"그의 영광의 힘을 따라 모든 능력으로 능하게 하시며 기쁨으로 모든 견딤과 오래 참음에 이르게 하시고"(골로새서 1:11)

"주 하나님 곧 전능하신 이시여 하시는 일이 크고 놀라우시도 다"(요한계시록 15:3)

이 책을 읽는 모든 독자에게 늙지 않고 아프지 않는 지혜를 허락해주시기를 간절히 기도합니다.

2026년 졸초

일본 후쿠오카 엔젤줄기세포 연구소에서

늙음과 아픔을 다시 묻다

1장
늙는다는 것은
무엇인가

　나는 오랫동안 성경을 읽고 또 읽었다. 필요할 때만 꺼내 보는 책이 아니라, 삶의 질문이 생길 때마다 펼치는 성경은 늘 내 곁에 있었다. 한 번 읽고 이해했다고 생각했던 구절도 시간이 지나 다시 읽으면 전혀 다른 질문으로 다가왔고, 그 질문은 다시 나를 기도의 자리로 이끌었다.

　나는 기도하고 또 기도했다. 연구가 막힐 때뿐 아니라 연구가 잘 풀릴 때에도, 그리고 무엇보다도 이 길이 과연 옳은 길인지 나 스스로 확신할 수 없을 때마다 창조주 하나님께 여쭈었다.

　"하나님, 줄기세포를 통해 늙지 않고 아프지 않는 삶의 길을 정말로 이 시대에 허락하신 것입니까?"

　이 질문은 단순한 학문적 호기심이 아니었다. 내 직업의 문제가 아니라 내 인생 전체의 방향을 묻는 질문이었고, 과학과 신앙을 따로 떼어놓고는 도저히 감당할 수 없는 질문이었다.

우리는 언제부터 늙음을 너무도 자연스럽게 받아들이게 되었을까? 아프면 약을 먹고 낫지 않으면 체념하며, 나이 들면 내려놓는 것이 마치 지혜이고 성숙인 것처럼 서로에게 말하며 살아왔다.

"그 나이에 아직도 그걸 하려고 해?"

"이제 좀 쉬어야지."

"아픈 게 당연하지, 나이가 몇인데."

이런 말들은 상대를 배려하는 말처럼 들리지만, 실은 아주 조용히 삶의 가능성을 접어버리는 말들이다.

성경을 다시 읽으며 나는 점점 불편해지기 시작했다. 성경 어디에도 늙음이 축복이라는 말은 없었다. 아픔이 하나님의 본래 의도라는 표현도 없었다. 오히려 성경은 처음부터 끝까지 생명, 회복, 새로움, 다시 일어섬을 이야기하고 있었다.

줄기세포를 연구하면서 나는 셀 수 없이 많은 세포를 보았다. 현미경 아래 세포들은 자신이 늙었다는 사실을 알고 있는 것처럼 보이지 않았다. 그들은 조건이 맞으면 다시 분열했고, 환경이 회복되면 기능을 되찾았으며, 손상된 조직이 있는 곳을 향해 묵묵히 이동했다.

그 어떤 세포도 "이제는 늙었으니 그만두겠다."라고 말하지 않았다. 그 모습을 바라보며 나는 기도의 자리로 돌아갔다.

"하나님, 왜 생명은 이렇게까지 회복을 포기하지 않습니까?"

우리는 불과 수십 년 전까지만 해도 노화는 되돌릴 수 없는 시간의 흐름으로 여겼다. 그러나 지금은 다르다. 과학은 더 이상 "왜 늙는가"에만 머물지 않고, "어디까지 회복될 수 있는가"를 묻기 시작했다.

줄기세포 연구는 노화가 단순히 시간이 지나서 생기는 현상이 아니라 환경과 신호, 삶의 방식과 태도의 결과라는 사실을 보여주었다. 신호가 바뀌면 세포의 행동이 바뀌고, 환경이 회복되면 기능은 다시 살아난다.

나는 이것을 '역노화'라고 부른다. 완전히 젊어지겠다는 환상이 아니라 노화의 속도를 늦추고 우리 몸의 무너진 기능을 다시 살리는 가능성이다. 그리고 나는 25년간의 연구와 기도를 통해 그 비밀의 열쇠가 줄기세포에 있음을 점점 더 분명하게 깨닫게 되었다. 그 무렵부터 성경 속 인물들이 전혀 다른 모습으로 다가오기 시작했다.

나는 모세를 다시 보았다. 모세는 120세에 이르도록 눈이 흐려지지 않았고 기력이 쇠하지 않았으며, 죽는 날까지 자기 발로 걷고 자기 정신으로 마지막을 준비했다.

나는 야곱을 다시 보았다. 야곱은 평생 굴곡진 삶을 살았지만 마지막에는 열두 명의 아들과 손자들을 모두 모아놓고 유언과 축복을 남기고 잠든 듯 인생을 마쳤다.

나는 이삭을 다시 보았다. 이삭은 싸우기보다 물러섰고 빼앗기기보다 양보했으며 온유함으로 인생을 살아 120세를 넘겨 편안히 생을 마쳤다.

그들은 늙지 않은 사람들이 아니었다. 그러나 그들 중 그 누구도 아픔에 의해 삶이 무너지지는 않았다. 늙음보다 더 무서운 것은 아픔이다. 사람은 늙어도 살 수 있지만 아프면 삶의 영역이 급격히 좁아진다. 아픔은 결국 건강 수명을 단축시키는 가장 확실한 이유가 된다.

아픔이 길어지면 사람은 점점 기대를 낮추고 말을 줄이고 삶에서 한 발씩 물러난다. 아픈 몸은 영혼을 늙게 만들고 지치게 하며 마침내 포기하게 만든다. 오래 붙잡은 분노, 해결되지 않은 상실, 말하지 못한 두려움은 몸에 그대로 남는다. 아픈 영혼은 몸의 회복 신호를 끊어버리고, 몸을 더 빨리 늙게 만든다.

나는 줄기세포를 연구하면서 이 사실을 점점 분명히 보게 되었다. 몸과 영혼은 따로 늙지 않는다. 함께 늙고 함께 회복된다.

어떻게 하면 모세처럼 죽는 날까지 걷고 보고 들을 수 있을까? 어떻게 하면 야곱처럼 긴 병상에 묶이지 않고 삶을 정리하며 축복할 수 있을까? 어떻게 하던 이삭처럼 온유함 속에서 평안히 인생을 마칠 수 있을까?

이 책은 기적을 약속하지 않는다. 완치를 선언하지도 않는다. 다만 묻고 싶다.

늙음을 당연하게 받아들이기 전에, 아픔을 운명으로 체념하기 전에, 우리는 다시 선택할 수 있지 않겠는가.

 우리는 왜 늙고, 아픔은 왜 반복되는가

늙음은 어느 날 갑자기 시작되지 않는다. 아픔도 마찬가지다. 대부분의 사람은 어느 순간을 떠올리며 "그때부터 몸이 예전 같지 않았다."라고 말한다. 하지만 사실 그 변화는 그날 시작된 것이 아니라 이미 훨씬 이전부터 아주 조용하고도 눈에 띄지 않게 우리 몸안에서 진행되고 있었던 것이다.

우리는 흔히 나이가 들면 늙는 것이고, 늙으면 아픈 게 당연하다고 말한다. 그러나 이 말 속에는 너무 쉽게 받아들여버린 체념이 숨어 있다. 과학은 이 체념에 조금 다른 질문을 던진다.

사람의 몸은 처음부터 늙기 위해 만들어진 존재가 아니다. 몸은 끊임없이 낡아지도록 설계된 동시에, 그보다 더 중요하게는 끊임없이 고쳐지고 회복되도록 만들어진 존재다.

젊을 때는 낡아지는 속도보다 회복되는 속도가 훨씬 빠르다. 그래서 조금 무리해도 며칠만 지나면 다시 회복되고 상처도 비교적 쉽게 아문다. 하지만 어느 순간부터 이 균형이 서서히 흔들리기 시작한다. 회복은 더뎌지고 피로는 쉽게 쌓이며 몸은 예전처럼 돌아오지 않는다. 이때 우리는 자연스럽게 이렇게 말한다. "이제 나이가 들었구나." 하지만 과학적으로 보면 이 상태는 단순히 시간이 흘렀기 때문이 아니다. 회복이 손상을 따라가지 못하기 시작한 상태, 그것이 바로 우리가 말하는 노화의 실체다.

우리 몸의 세포들은 필요할 때마다 분열하며 조직을 유지하고 회복한다. 그러나 이 분열에는 자연스러운 한계가 있다. 세포는 분열할 때마다 조금씩 힘을 소모하고, 회복 능력은 아주 서서히 줄어든다. 이 변화는 하루이틀 만에 느껴지지 않는다. 수십 년에 걸쳐 조금씩, 그러나 분명하게 누적된다.

그래서 늙음이란 세포가 사라지는 현상이 아니라 세포가 예전만큼 성실하게 회복해주지 않는 상태라고 말할 수 있다.

줄기세포는 몸이 다쳤을 때 가장 먼저 불려나오는 세포다. 젊을 때는 줄기세포가 충분히 존재하고 손상된 부위를 잘 찾아가며 주변 조직이 다시 살아나도록 묵묵히 돕는다. 그러나 나이가 들수록 줄기세포의 수는 점점 줄어들고, 남아 있는 줄기세포도 예전만큼 민첩하게 반응하지 않는다.

몸안이 염증으로 가득 차 있고 에너지가 부족하며 항상 긴장과 스트레스 상태에 놓여 있다면 줄기세포가 존재해도 제 역할을 하기 어렵다.

늙음은 피부나 관절에서만 시작되지 않는다. 늙음은 에너지에서 먼저 시작된다. 세포 안에는 에너지를 만들어내는 작은 기관이 있는데, 바로 미토콘드리아다. 나이가 들수록 미토콘드리아의 에너지 생산 능력은 점점 떨어진다. 그 결과 중노년이 되면 쉽게 피로해지고 회복이 더뎌지며 집중력과 체력도 함께 떨어진다.

늙음은 한 부분의 고장이 아니라 몸 전체가 만성적인 에너지 부족 상태로 되어가는 현상이다. 젊을 때의 염증은 몸을 고치기 위한 일시적인 반응이다. 그러나 나이가 들수록 염증은 몸안에 오래 남는다. 이 낮은 강도의 염증이 오랫동안 지속되면, 줄기세포의 활동은 억제되고 에너지는 더 빠르게 소모되며 조직의 회복은 계속 방해받는다. 그래서 염증은 눈에 잘 띄지 않지만 늙음과 아픔을 가장 빠르게 앞당기는 요인이 된다.

노화에 질병이 더해지면 사람은 비로소 '아프다'고 느끼기 시작한다. 그러나 대부분의 질병은 어느 날 갑자기 생기지 않는다. 고혈압도, 당뇨도, 관절염도 오랜 시간에 걸쳐 조용히 몸안에서 자라난다. 아픔은 그 모든 과정이 누적된 뒤에 마침내 드러나는 몸의 마지막 소리다. 통증은 몸이 고장났다는 선언이 아니라 오히려 몸이 아직 포기하지 않았다는 신호다.

"여기는 너무 무리하고 있다.", "회복이 따라가지 못하고 있다.", "이 속도를 계속 유지할 수 없다."

통증은 이 모든 말을 한번에 전하고 있다.

그럼에도 우리는 종종 그 소리를 잠재우기만 한다. 통증이 사라지면 문제가 해결된 것처럼 느끼지만, 실제로는 원인이 그대로 남아 있는 경우가 많다. 그래서 고쳐도 다시 아프고 그 아픔은 반복된다.

젊을 때는 손상보다 회복이 빠르다. 그런데 어느 순간 이 관계가 뒤집힌다. 손상이 회복을 앞지르기 시작할 때 몸은 버티는 상태로 들어간다. 이 상태가 길어지면 우리는 그것을 질병이라고 부른다.

병이란 어느 날 갑자기 찾아온 적이 아니라 오랫동안 참고 견뎌온 몸의 누적된 결과다. 아픈 몸은 영혼을 늙게 만들고 영혼을 지치게 하며 마침내 포기하게 만든다.

풀리지 않은 감정, 오래 쌓인 분노, 말하지 못한 상실은 몸에 그대로 남는다. 아픈 영혼은 몸의 회복 신호를 끊고, 몸을 더 빨리 늙게 만든다. 이 지점에서 나는 다시 성경 속 인물들을 떠올리게 된다.

모세는 120세에 죽었다. 그러나 성경은 분명히 말한다. 그의 눈이 흐려지지 않았고, 기력이 쇠하지 않았다고.

야곱은 병상에 매이지 않고 열두 아들과 손자들을 불러 유언과 축복을 남긴 후 잠든 듯 인생을 마쳤다.

이삭은 온유함으로 삶을 이어가다 120세를 넘겨 편안히 생을 마쳤다. 그들도 늙지 않은 건 아니었다. 그럼에도 아픔이 그들의 삶을 지배하지는 못했다.

우리는 단지 나이가 들어서 늙는 것이 아니다. 회복 시스템이 점점 약해졌기 때문에 늙는다.

우리는 갑자기 병에 걸리는 것이 아니다. 손상이 회복을 앞지르기 시작할 때 아프게 된다. 회복은 왜 약해졌는가. 다시 깨울 수는 없는가.

오래전부터 우리는 우리 몸을 소우주라고 불러왔다. 이 말은 단순한 수사가 아니라 인간의 몸이 얼마나 정교하고 질서 있게 작동하는지를 가장 압축적으로 표현한 말이며, 동시에 인간 존재에 대한 깊은 경외심이 담긴 표현이다.

소우주라는 말 속에는 우리 몸이 단순히 살과 뼈의 집합이 아니라 하나의 세계요, 하나의 질서요, 하나의 생명 시스템이라는 인식이 이미 포함되어 있다.

심장은 쉬지 않고 자기만의 리듬을 만들어내며 한 번도 스스로의 역할을 잊은 적이 없다. 혈관은 온몸으로 뻗어 생명에서 가장 귀한 혈액을 한순간도 멈추지 않고 운반한다. 뇌는 끊임없이 신호를 주고받으며 수많은 선택과 판단을 조율하고, 세포 하나하나는 누가 시키지 않아도 자신에게 맡겨진 역할을 묵묵히 수행하며 이 소우주의 균형을 지켜낸다.

이 몸은 누군가가 매 순간 붙들어주지 않으면 결코 유지될 수 없는 극도로 정교한 세계이며, 우리가 의식하지 못하는 사이에도 수없이 많은 질서와 조화가 한순간도 멈추지 않고 지금 이 순간에도 작동하고 있다.

이 소우주라는 말을 오래 붙들고 묵상하다 보니, 그 말 자체가 하나의 질문이 되어 내 마음 깊은 곳에서 점점 더 무거운 울림으로 다가왔다.

"그렇다면 우주는 누가 만들었는가. 그리고 이 우주는 누가 운행하고 있는가."

이 질문은 존재 자체를 향한 질문이었고, 인간이 스스로에게 반드시 던져야 할 가장 근원적인 물음이었다.

만약 인간의 몸이 소우주라면, 이는 결코 스스로 생겨난 것이 아닐 것이다.

우주가 우연히 만들어졌다고 말하기에는 그 질서와 정교함이 너무나 치밀하듯이, 우리 몸 또한 의미 없이 조합된 결과라고 말하기에는 너무 많은 목적과 방향성을 내포하고 있다. 이 질문은 나를 다시 연구실로 데려갔고, 동시에 기도의 자리로 더 깊이 이끌었다.

줄기세포를 연구하며 현미경 속 세포 하나하나를 바라볼 때마다, 나는 호기심 가득한 과학자의 시선을 넘어 경외하는 관찰자의 자리에 서 있음을 느끼게 되었다.

이 작은 세포들이 서로 신호를 주고받으며 질서를 유지하고, 아픈 곳을 스스로 알아보고 필요할 때만 움직이며, 회복이 끝나면 자신을 주장하지 않고 조용히 물러나는 모습을 보며 이 질문은 더욱 깊어졌다.

"누가 이 질서를 만들었는가.", "누가 회복의 방향을 처음부터 정해두었는가."

줄기세포를 연구하면 연구할수록 한 가지 사실은 점점 더 분명해졌다. 줄기세포는 결코 무작위로 움직이지 않으며, 자신의 능력을 과시하려 하지 않는다. 아무 곳에나 가지 않고 아무 때나 증식하지 않으며 필요 이상으로 머물지도 않는다. 자신이 해야 할 일이 끝나면 더 이상 존재를 드러내지 않고 조용히 물러난다. 이 태도는 인간의 기술로 만들어낼 수 있는 성질이 아니었다.

이 절제된 움직임은 분명히 처음부터 새겨진 질서, 곧 창조의 흔적처럼 내 눈에 들어오기 시작했다. 그 질서를 보며 나는 점점 더 확신하게 되었다.

회복은 인간이 억지로 만들어내는 성취가 아니라 이미 창조 안에 포함된 역사를 다시 살리는 과정이라는 사실을….

이 지점에서 나는 아주 중요한 사실 하나를 온몸으로 깨달았다.

회복은 인간의 기술과 의지로 이루어지는 결과가 아니라 이미 존재하는 질서를 다시 작동하도록 허락하는 과정이라는 사실이다.

줄기세포는 우리가 지배하고 통제하려 할수록 침묵하지만, 그 질서를 존중하고 환경을 바로잡아줄수록 묵묵히 자기 역할을 다하기 시작한다. 이 모습은 하나님의 창조섭리와 너무도 닮아 있었다. 동시에 나는 분명한 한계와 마주하게 되었다.

몸은 마음의 영향을 받고 마음은 영의 방향을 따른다. 두려움과 불안, 끝없는 경쟁과 속도 속에서 영이 지치고 메마르면 몸은 스스로를 보호하기 위해 회복의 문을 닫아버린다. 그래서 나는 몸의 회복을 넘어 영성의 회복이라는 주제로 시선을 옮기지 않을 수 없었다.

성경을 다시 읽고 기도하며 질문을 반복하면서 나는 창조의 역사를 완전히 새로운 눈으로 다시 보게 되었다. 창조는 이미 끝난 과거의 사건이 아니라 지금도 이어지고 있는 섭리의 역사였다.

하나님은 세상을 만들어놓고 멀리 물러나 계신 분이 아니라 지금도 질서를 붙들고 생명을 운행하며 모든 존재를 살리고 계신 분이었다. 이 깨달음은 내가 해오던 줄기세포 연구의 방향 자체를 근본적으로 바꾸어놓았다.

내가 말하는 '창생'은 푸를 창(蒼), 날 생(生)을 쓴다. 이 말은 예로부터 하늘 아래 살아가는 모든 사람, 곧 인류 전체를 가리킨다.

푸르다는 말은 젊다는 뜻이 아니라 생명이 아직 살아 있고, 회복될 가능성이 남아 있다는 의미이며, 하나님의 창조가 아직 끝나지 않았다는 증거이기도 하다.

오랫동안 줄기세포를 연구하면서 나는 이 의학이 특정 개인의 치료나 일시적 젊음을 위한 기술에 머물러서는 안 된다고 점점 더 선명하게 느끼게 되었다. 그래서 이 길을 '줄기세포 창생의학'이라고 부르게 되었다.

'줄기세포 창생의학'은 한 사람을 젊게 만드는 기술이 아니다. 병든 일부를 고치는 데서 끝나는 의학도 아니다. 본질은 인류를 하나님의 창조섭리 안으로 다시 회복시키는 의학이다. 이제 우리는 창조주의 사랑을 느끼고 받아들이는 영성의 회복으로 나아가야 한다.

늙지 않고 아프지 않는 세계는 기술의 승리로 열리지 않는다. 그 세계는 사랑의 질서 안으로 다시 들어갈 때 비로소 체험되기 시작한다.

4장
창생의학, 사랑으로 오신 분의
길을 따르다

고백해야겠다.

줄기세포를 연구하기 전까지 나는 성경 속 예수님의 치유 기적을 온전히 믿지 않았다. 말씀을 읽었어도 그 기적들을 비유나 상징 혹은 이해할 수 없는 신비의 영역으로 조심스럽게 밀어두고 있었다. 맹인이 눈을 뜨고 귀머거리가 듣게 되며 중풍병자가 다시 일어나 걷고, 죽은 자가 살아난다는 이야기는 경외의 대상이었지만 현실의 언어로는 쉽게 받아들이지 못했다.

하지만 줄기세포를 연구하면서, 그리고 그 연구가 실제 사람들의 삶 속에서 어떤 변화를 만들어내는지를 직접 목격하면서 내 생각은 흔들리기 시작했다. 노화로 굳어가던 몸이 다시 반응하고, 오래된 통증과 난치병으로 고통받던 사람들이 조금씩 자유를 회복해가는 모습을 보며 더 이상 예전의 나로 남아 있을 수 없었다.

줄기세포를 통해 회복의 원리를 하나씩 이해할수록 성경의 기록은 점점 낯설지 않은 이야기가 되었다. 말씀만으로 중풍병자가 다시 걷고 눈먼 자가 빛을 보며 닫혔던 귀가 열리는 일은 창조의 질서가 완전히 회복되는 순간으로 보이기 시작했다.

성경은 말한다. "말씀이 육신이 되어 우리 가운데 거하시매"(요한복음1:14)라고. 이제 나는 이 구절을 새로운 눈으로 읽는다. 말씀은 추상적 교훈이 아닌 생명을 살리는 실재였고, 그 말씀이 사랑으로 몸을 입고 오셨을 때 병든 육신은 창조의 질서를 다시 기억했다.

예수님은 질병을 정복하기 위해 오신 분이 아니라 본래 있어야 할 자리로 되돌리기 위해 오신 분이었다. 그래서 나는 '줄기세포 창생의학'의 진정한 창시자는 예수님이라고 분명하게 말할 수 있다. 우리가 지금에서야 과학의 언어로 조금씩 이해하고 있는 회복의 원리를 예수님은 이미 사랑과 말씀으로 온전히 실천하셨다. 그분의 치유는 기술이 아니라 사랑이었고, 명령이 아니라 회복에 대한 선언이었다.

나는 성경 속에서 이미 완성된 창생의학을 실천하신 분의 제자가 되기를 소망한다. 내가 연구하는 줄기세포 의학은 새로운 길이 아니라 이미 열려 있었던 길을 조심스럽게 따라 걷는 일이다.

맹인이 눈을 뜨고 귀머거리가 듣게 되며 중풍병자가 다시 걷고 죽은 자가 살아난다는 기록은 이제 나에게 의심의 대상이 아니다. 그것은 말씀이 육신이 되어 사랑으로 오신 분이 생명을 어떻게 대하시는지에 대한 가장 정직한 증언이다.

믿음으로 고백한다. 그리고 기도한다. 말씀으로 생명을 살리신 예수님을 '줄기세포 창생의학'의 창시자로 믿으며, 그분의 제자로 이 길을 끝까지 걸어가게 해달라고.

제2부에서는 줄기세포가 보여주는 회복의 원리를 넘어 사랑이 어떻게 생명을 다시 살리는 힘이 되는지, 그리고 예수님의 치유가 오늘 우리의 삶과 의학 안에서 어떻게 이어질 수 있는지를 이야기 하려 한다. 이것은 기술의 이야기가 아니라 제자의 길에 대한 이야기다.

엔젤줄기세포의 기전과 영성 : R4

1장

리제너레이션

(Regeneration, 건강한 세포를 다시 만듦)

오늘날 '재생'이라는 말이 너무 쉽게 사용된다. 노화를 늦춘다는 말에도, 손상된 조직을 되돌린다는 광고 문구에도 재생이라는 단어는 마치 무엇이든 다시 새것으로 바꿀 수 있다는 환상을 전제로 사용된다. 그러나 줄기세포 연구가 밝혀온 재생은 결코 그런 즉각적 변화나 외형적 복원을 의미하지 않는다. 과학의 언어로 말하는 재생, 특히 생리학적으로 정의되는 리제너레이션(Regeneration)은 완전히 새로운 것을 만들어 붙이는 것이 아니라 이미 존재하지만 오랫동안 멈추어 있던 생명의 기능이 다시 작동하도록 내부 질서가 회복되는 과정을 뜻한다. 이 과정은 느리고 단계적이며 무엇보다도 생명 스스로가 다시 자기 일을 시작할 수 있도록 환경이 허락될 때 일어난다.

인간의 몸은 살아 있는 한 끊임없이 손상을 겪는다. 숨쉬는 것 자체가 산화 스트레스를 만들고 걷고 움직이는 모든 순간이 미세한 조직 손상을 남긴다. 그러나 젊은 몸은 이러한 손상을 거의 인식하지 못한다. 왜냐하면 손상이 발생하는 즉시 재생 신호가 자동으로 켜지고, 회복 시스템이 즉각 반응하기 때문이다. 문제는 노화와 만성 질환의 과정에서 이 재생 신호가 점점 약해지고 지연되며 결국에는 거의 들리지 않게 된다는 데 있다. 그래서 노화와 질병의 본질은 세포가 망가졌기 때문이 아니라, 손상을 복구하라는 생명 내부의 신호 체계가 붕괴된 상태라고 말할 수 있다.

줄기세포는 이 신호 붕괴의 지점에서 등장한다. 줄기세포는 어디가 손상되었는지, 어떤 환경에서 회복이 멈추었는지 감지한 뒤 그 자리에 다시 시작해도 된다는 신호를 보낸다. 다시 말해 줄기세포는 혼자서 재생을 이루는 존재가 아니라 몸 전체가 다시 협력하도록 만드는 조정자이자 지휘자다.

과학적으로 볼 때 줄기세포에 의한 재생은 하나의 사건이 아닌 연속적인 생리학적 흐름이다. 손상된 조직에서는 염증 매개 물질과 화학 신호가 지속적으로 분비되고, 줄기세포는 이 신호를 감지해 표적 이동을 시작한다. 이 이동은 무작위가 아니라 매우 정교하며, 정확히 회복이 필요한 지점으로 향한다.

그다음 단계는 생명 신호의 재가동이다. 줄기세포는 다양한 성장 인자와 신호 물질을 분비해 혈관 형성을 돕고 산소와 영양 공급을 개선하며, 기존 세포들이 다시 자기 기능을 수행하도록 자극한다. 이 과정에서 줄기세포가 직접 분화해 조직을 채우는 경우는 오히려 제한적이다. 대부분의 재생은 기존 세포들이 다시 깨어나고, 움직이고, 협력하는 방식으로 이루어진다. 그래서 재생은 새로운 세포의 등장보다 기존 생명의 각성이 더 중요한 사건이다.

임상 현장에서 관찰되는 재생 역시 이와 같은 점진적 흐름을 따른다. 줄기세포 치료 후 환자에게서 즉각적인 기적이 나타나는 경우는 드물다. 대신 통증의 빈도가 서서히 줄어들고 회복 속도가 이전과 달라지며 기능 저하의 진행이 멈추거나 완화된다. 이는 몸이 다시 자기 일을 시작했다는 신호이며, 과학적으로 말하면 재생 프로그램이 다시 가동되었다는 증거다. 이 모든 과정은 급격하지 않지만 방향은 분명하다. 생명은 다시 살기를 선택한다.

이 지점에서 나는 성경 속 예수님의 치유를 전혀 다른 눈으로 읽게 되었다. 예수님은 생명을 다시 일으키신 분이었다. "일어나라", "네 믿음이 너를 살렸다", "네가 낫고자 하느냐"라는 말씀은 외부에서 무엇을 더해주겠다는 선언이 아니라 그 사람 안에 이미 존재하던 생명의 질서를 다시 작동시키는 선언이었다. 이것은 과학적 재생과 정확히 같은 방향으로 향한다. 다시 살림은 추가가 아니라 회복이며, 창조가 아니라 질서의 회귀다.

줄기세포가 멈추어 있던 재생 신호를 다시 켜주듯이, 예수님의 말씀은 절망과 두려움 속에 멈추어 있던 영과 육의 회복 신호를 다시 켜주셨다. 그래서 치우는 항상 관계 속에서 일어났고, 믿음의 '받아들임'이 있을 때 비로소 완성되었다. 이는 생리학적으로도 동일하다. 재생은 강요될 수 없으며, 환경이 허락되고 신호가 열릴 때만 시작된다.

줄기세포 재생의 질서는 우연이 아니다. 그것은 하나님의 사랑이 생명 안에 구조로 새겨져 있다는 과학적 흔적이다. 하나님은 고장난 생명을 버리지 않으셨고, 처음부터 다시 일어날 수 있도록 생명을 설계하셨다.

줄기세포는 그 사랑이 지금도 작동하고 있음을 보여주는 창이며, 리제너레이션은 그 사랑의 방식이다. 그래서 이 장은 과학적 설명이면서 동시에 나의 신앙 고백이다. 다시 살림은 우연이 아니며, 하나님이 우리를 사랑하는 방법이다.

난청을 이겨내고
인생을 다시 열어준 선택

클로이 솔은 오페라 가수를 꿈꾸는 평범한 학생이었다. 음악은 그녀의 삶 전부였고, 무대 위에서 노래하는 미래를 그리며 하루하루를 살아가던 소녀였다.

어느 날 예고 없이 찾아온 자가면역성 난청은 그녀의 삶을 송두리째 흔들어놓았다. 한쪽 귀는 완전히 청력을 잃었고, 다른 한쪽은 절반만 들리게 되었다. 음악을 사랑하던 소녀에게 소리를 잃는다는 것은 신체 기능을 잃는 것 이상이었다. 꿈의 종말처럼 느껴졌고, 앞으로 펼쳐질 삶에 대한 두려움은 커졌다.

클로이의 이야기에는 전환점이 있다. 그 전환점은 치료를 선택하기 전, 한 사람의 마음이 움직인 순간에서 시작된다.

클로이의 아버지 닥터 솔은 오랫동안 의사로 살아왔다. 그는 새로운 치료에 대해 늘 신중했고, 특히 아이의 미래가 걸린 결정 앞에서는 더욱 조심스러웠다. 그러던 중 내 강의를 듣게 되었다. 닥터 솔은 쉽게 고개를 끄덕이지 않았다. 의사로서 그는 가능성과 근거 사이에서 질문하는 사람이었기 때문이다.

하지만 그의 마음 한켠에 작은 흔들림이 남았고, 직접 확인해보기로 결심한다. 반신반의한 채, 한국 바이오스타줄기세포기술연구원을 방문했다. 그곳에서 그는 단순한 설명이 아니라 오랜 시간 축적된 연구와 환자 사례, 그리고 무엇보다 사람을 대하는 태도를 보게 되었다.

이후 닥터 솔의 마음에 변화가 일어났다. 확신이라기보다 신뢰에 가까운 믿음이 생긴 순간이었다. 그 결정 끝에 클로이 솔은 일본에서 엔젤줄기세포를 정맥 내로 세 차례 투여받는다. 그리고 약 3개월 후, 가족에게는 잊을 수 없는 순간이 찾아온다. 일상의 소리들이 예전과 다르게 느껴지기 시작했고, 반복되는 검사 끝에 청력이 회복되고 있음이 확인되었다.

1년이 지났을 때 클로이의 청력은 정상 범위로 회복되었고, 그때부터 클로이의 삶은 소리뿐 아니라 선택의 폭이 넓어지기 시작했다. 이 지점에서 클로이는 이렇게 말한다.

| 클로이의 의학박사학위 수여식

| 결혼식

| 아이와 함께

청력이 돌아온 경험을
이야기하는 클레이 솔과
그의 아버지 닥터 솔 ▼

"그때 저는 소리가 다시 들린 것보다 제 인생이 다시 열리고 있다는 느낌을 받았어요."

클로이는 자신이 정말 하고 싶었던 공부를 선택했고, 2024년 에모리대학 의학전문대학원에서 정신의학을 전공하게 되었다. 어린 시절의 아픔은 이제 타인의 마음을 이해하는 자산이 되었다.

삶의 회복은 거기서 멈추지 않았다. 클로이는 인생의 동반자를 만났고, 2025년 새로운 생명이 태어났다.

2025년 워싱턴에서, 닥터 솔은 이렇게 말했다.

"그때 우리는 완벽한 답을 가진 것은 아니었습니다. 그러나 회복의 가능성을 믿고 선택했습니다. 지금 이 아이의 삶을 보면서 그 선택이 충분히 의미 있었다는 것을 알게 되었습니다." _닥터 솔, 2025

리제너레이션은 단지 세포의 회복을 의미하지 않는다. 그것은 삶의 가능성이 다시 열리는 과정이며, 한 사람의 회복이 가족과 다음 세대로 이어지는 흐름이다.

예수님이 이 땅에 오셔서 행하신 많은 일 중, 사람 마음에 깊이 남아 있는 것은 기적 자체보다는 사랑을 전하는 방식이다. 예수님은 사람을 살릴 때 결코 요란하거나 서두르지 않으셨고 상대를 다그치지도 않으셨다. '달리다굼' 이야기는 예수님의 사랑이 어떻게 사람을 다시 살리는지를 가장 섬세하게 보여주는 장면이다.

회당장 야이로는 오직 딸을 살리겠다는 일념으로 예수님 앞에 나왔다. 그는 자신의 지위를 내세우지 않고 낮은 자세로 엎드려 간절히 도움을 청했다.

"내 어린 딸이 죽게 되었사오니 오셔서 그 위에 손을 얹으사 그로 구원을 받아 살게 하소서"(마가복음 5:23)

예수님은 그의 요청에 즉각 응답하며 고통의 현장으로 함께 향했다. 사랑은 멀리서 판단하는 것이 아니라 곁에서 함께 걷는 것에서 시작되기 때문이다.

길을 가는 동안 많은 사람이 몰려 들었는데, 그중에 열두 해 동안 병으로 고통받던 여인이 예수님의 옷자락을 만졌다. 예수님은 그 여인을 그냥 지나치지 않고 멈추어 서서 그를 "딸아"라고 부르셨으며, 그의 삶을 온전히 바라보셨다. 한 사람의 고통도 소홀히 하지 않는 사랑의 표현이었다.

그때 야이로의 집에서 소식이 왔다. "당신의 딸이 죽었나이다" (마가복음 5:35) 사람들은 더 이상 갈 필요가 없다고 말했다. 그러나 예수님은 멈추지 않고 야이로에게 조용히 "두려워하지 말고 믿기만 하라"(마가복음 5:36) 라고 말씀하셨다.

집에 도착했을 때는 슬픔과 체념 섞인 통곡 소리만 집안을 가득 채우고 있었다. 예수님은 아이 부모와 제자 몇 명만 데리고 방 안으로 들어가셨고, 침상에 누운 소녀 곁으로 다가가셨다. 예수님은 말 없이 소녀의 손을 잡으셨다. 이는 사랑이 아니면 할 수 없는 일이다. 그 손을 잡고 예수님은 조용히 말씀하셨다.

"달리다굼(내가 네게 말하노니 소녀야 일어나라)"(마가복음 5:41)

예수님의 이 말은 초대였으며 다시 살아도 된다는 허락이었다. 이윽고 소녀는 일어나 걸었다. 사람들은 놀랐지만 예수님은 이렇게 말씀하셨다.

"먹을 것을 주라"(마가복음 5:43)

이것이 예수님의 사랑이다.

2장
리쥬비네이션

(Rejuvenation, 몸이 젊어짐)

우리가 흔히 말하는 '젊음'은 생각보다 얕은 개념일지 모른다. 우리는 주름이 줄어들고 얼굴이 환해지며, 체중이나 체력이 예전과 비슷해지는 변화를 젊어짐이라 부르지만, 줄기세포 연구가 오랜 시간에 걸쳐 보여준 사실은 전혀 다른 방향을 가리킨다. 과학이 말하는 '리쥬비네이션(Rejuvenation)', 곧 젊어짐이란 외형의 변화가 아니라 기능의 회복, 더 정확히 말하면 '손상을 받아도 다시 돌아올 수 있는 회복력(resilience)이 살아나는 상태'다.

젊은 몸은 완벽한 몸이 아니라 무너졌다가도 다시 균형을 찾아갈 수 있는 몸이며, 스트레스와 염증과 피로가 찾아와도 그것에 무너지지 않고 다시 제자리를 찾는 힘이 살아 있는 몸이다. 그래서 리쥬비네이션은 시간을 되돌리는 사건이 아니라 노화로 약해진 회복 시스템을 다시 '작동 가능한 상태'로 돌려놓는 긴 과정이며, 이 과정의 중심에 줄기세포가 있다.

줄기세포는 홀로 존재하는 것이 아니라 주변 환경과 끊임없이 소통하며 살아간다. 혈액의 흐름, 산소와 영양 상태, 염증 수치, 면역 체계, 호르몬, 신경 신호 그리고 조직의 탄력성까지 포함하는 '니치(niche)'라고 불리는 특수한 미세환경을 삶의 터전으로 삼아 살아간다. 젊은 환경에서는 줄기세포가 조용히 대기하다가 필요할 때 정확히 반응하고, 일이 끝나면 다시 잠잠히 돌아가지만 환경이 늙으면 줄기세포는 과잉 반응하거나 반대로 무반응 상태에 빠진다. 그래서 줄기세포를 '젊게' 만든다는 말의 진짜 의미는 줄기세포 자체를 자극하는 것이 아니라 줄기세포가 다시 일할 수 있는 환경을 되살리는 일이며, 리쥬비네이션의 본질은 언제나 환경의 회복에서 시작된다.

이 환경 회복의 첫 관문은 염증이다. 노화된 몸의 염증은 떠나지 않고 몸안에 자리를 잡고 조직을 끊임없이 긴장 상태로 만든다. 관절에 남은 염증, 혈관에 남은 염증, 신경 주위에 남은 염증은 몸 전체를 방어 모드로 고정시키고, 이 상태에서는 어떤 재생 신호도 제대로 전달되지 않는다. 줄기세포는 면역세포의 과도한 공격성을 낮추고 염증성 신호의 폭주를 진정시키며 조직이 "이제 회복을 시작해도 된다."라고 판단할 수 있는 생리학적 여유를 만든다. 이때 몸은 비로소 젊은 몸이 된다. 염증이 가라앉으면 다음으로 회복되는 것은 흐름이다. 노화된 조직에서는 혈액의 흐름이 나쁘고, 산소와 영양은 늦게 도달하며 노폐물은 잘 빠져나가지 못한다. 이런 환경에서 세포는 회복보다 생존을 선택하게 되고 재생은 자연스럽게 미뤄진다.

줄기세포는 다양한 신호 물질을 통해 혈관 내피 기능을 돕고 미세혈관 형성을 촉진하며, 조직이 다시 숨쉴 수 있도록 길을 열어준다. 이 변화는 임상적으로 '몸이 따뜻해졌다', '회복이 빨라졌다', '피로가 덜 쌓인다'는 체감으로 나타나지만, 생리학적으로는 조직이 다시 산소와 영양을 충분히 공급받기 시작했다는 신호다. 젊은 몸은 잘 흐르는 몸이며, 리쥬비네이션은 정체된 생명에 다시 흐름을 허락하는 과정이다.

흐름이 회복되면 에너지의 방향이 바뀐다. 노화는 에너지가 부족해지는 과정이며, 미토콘드리아 기능이 떨어질수록 몸은 회복보다 방어에 에너지를 쓴다. 줄기세포는 에너지 배분 구조를 조용히 재정렬한다. 산화 스트레스가 완화되고, 대사 환경이 안정되며, 기존 세포들이 에너지를 다시 회복의 방향으로 사용할 수 있게 된다. 젊음이란 힘이 넘치는 상태가 아니라 에너지를 회복에 쓸 수 있는 자유가 회복된 상태이며, 줄기세포의 리쥬비네이션은 그 자유를 되돌려준다.

이 모든 과정을 관통하는 리쥬비네이션의 결론은 분명하다. 젊음은 시간의 문제가 아니라 회복력의 문제이며, 회복력은 염증이 가라앉고 흐름이 회복되며 에너지가 회복 쪽으로 배분되면서 환경이 회복을 허락할 때 자연스럽게 살아난다. 줄기세포 과학은 이 질서가 우연이 아님을 반복해서 증언한다.

나는 이 질서 안에서 생명이 결코 우리를 버리지 않도록 설계되었다는 흔적을 본다. 그리고 그 흔적을 말씀이 육신이 되어 사랑으로 오신 예수님이 영과 육을 다시 살리신 방식과 겹쳐 보게 된다. 젊게 하심은 외형을 바꾸는 기술이 아니라 포기에서 회복으로 방향을 전환시키는 사랑의 사건이며, 리쥬비네이션은 그 사랑이 생명 안에서 작동하는 한 방식이다.

성경이 말하는 인간의 쇠퇴 역시 단순히 시간의 문제만은 아니었다. 《신약성경》을 살펴보면, 예수님이 다루신 가장 근본적인 문제는 육체의 노화가 아니라 영의 낡아짐, 곧 마음과 존재가 굳어버린 상태이다. 예수님이 가져오신 변화는 겉모습의 개선이 아니라 내면의 새로워짐에서 시작된다. 이것이 리뉴얼(Renewal, 재생, 회복)이다. 리뉴얼이 이루어질 때, 삶 전체의 리쥬비네이션, 곧 다시 젊어지는 변화가 자연스럽게 뒤따른다.

예수님은 "너희가 돌이켜 어린아이들과 같이 되지 아니하면 결단코 천국에 들어가지 못하리라"(마태복음 18:3)라고 말씀하신다. 이 말씀의 핵심은 어린아이라는 상태가 아니라 '돌이킴'이라는 방향 전환이다. 예수님은 이미 굳어진 상태에서 조금 더 나아지라고 요구하지 않으시고, 존재의 방향 자체를 바꾸어 다시 시작하라고 말씀하신다. 이것이 리뉴얼이다. 리뉴얼은 수리나 보수가 아니라 내면의 중심이 새로 정렬되는 사건이다.

인간은 삶을 살아가며 수많은 상처와 실패, 두려움을 경험하면서 점점 굳어진다. 더 이상 기대하지 않고 더 이상 변화할 수 없다고 믿으며 방어적인 태도로 세상과 관계를 맺게 된다. 이것이 성경에서 말하는 영적인 노화이다. 예수님이 보시기에 늙음은 주름이나 기능 저하의 문제가 아니라 생명을 받아들이지 못하는 닫힌 상태이다.

그래서 예수님은 병자와 죄인, 이미 인생이 끝났다고 생각되는 사람들에게도 먼저 "일어나라", "두려워하지 말라", "네 믿음이 너를 구원하였다"라고 선언하신다. 이 말씀들은 치유 이전에 존재를 다시 여는 선언이다. 생명이 다시 흐를 수 있는 상태를 만드는 것이 먼저이다.

사도 바울은 "이 세대를 본받지 말고 오직 마음을 새롭게 함으로 변화를 받아"(로마서 12:2)라고 말한다. 여기서 마음을 새롭게 함이 리뉴얼이며, 변화는 그 결과이다. 변화는 노력의 산물이 아니라 새로워진 중심에서 자연스럽게 흘러나오는 현상이다. 예수님의 영성은 언제나 안에서 밖으로 작동한다.

리뉴얼이 이루어질 때 리쥬비네이션은 필연적으로 나타난다. 새로워진 마음은 다시 기대하게 하고 믿게 하며 사랑하게 만든다. 이것이 젊음의 본질이다. 젊음은 연령의 문제가 아니라 생명에 반응하는 능력의 문제이다. 예수님을 만난 사람들은 육체 나이는 달라지지 않았지만, 삶의 태도와 방향은 새로워진다.

"내가 온 것은 양으로 생명을 얻게 하고 더 풍성히 얻게 하려는 것이라"(요한복음 10:10)라고 하신 말씀에서 풍성한 생명은 늙지 않는 육체를 약속하는 개념이 아니다. 그것은 소진되지 않는 삶의 흐름이다.

예수님 안에서의 삶은 한 번 새로워지고 끝나는 상태가 아니라 날마다 새로워지는 과정이다. "우리의 겉사람은 낡아지나 우리의 속사람은 날로 새로워지도다"(고린도후서 4:16)라는 말씀처럼 리뉴얼은 지속되며, 그 결과로 삶은 계속해서 젊어지는 방향을 유지한다.

리쥬비네이션은 목표가 아니라 결과이다. 그리고 그 출발점은 언제나 예수님 안에서 이루어지는 리뉴얼이다.

파킨슨병의 굴레를 끊고, 다시 찾은 사업가의 열정

영국인 부부 브라이언 워커와 그의 아내는 말레이시아에 거주하며 오랫동안 함께 사업을 해오고 있었다. 두 사람은 성실했고 서로를 깊이 신뢰했으며 삶에 대한 열정도 컸다. 사업은 안정적으로 운영되었고 부부 사이도 돈독했다. 겉으로 보기에는 특별한 어려움이 없는 평범하고 행복한 삶이었다.

그런데 어느 날, 예상하지 못했던 불청객이 찾아왔다. 남편 브라이언에게 '파킨슨병' 진단이 내려진 것이다.

처음에는 손 떨림과 가벼운 불편함 정도였지만, 시간이 지날수록 증상은 분명해졌다. 몸은 점점 굳어갔고 움직임은 느려졌으며 밤에는 깊이 잠들지 못했다. 약을 처방받아 복용했지만 증상은 서서히 악화되어 갔다.

아내는 그 시기를 이렇게 기억한다. "가장 힘들었던 것은 병 자체보다 남편이 점점 자신감을 잃어가는 모습이었어요."

활동적이었던 남편이 점차 기력을 잃고 사업에 대한 열정마저 사라져가는 모습은 아내에게 견디기 힘든 고통이었다. 하지만 두 사람은 끝내 포기하지 않았다. 전 세계의 치료법과 연구 자료를 샅샅이 뒤지며 가능한 모든 선택지를 신중하게 검토했다.

그 과정에서 바이오스타줄기세포기술연구원의 줄기세포 재생 의료 기술이 일본 후생성에서 파킨슨병 치료 승인을 받았다는 사실을 알게 되었다. 부부는 홍보 자료에만 의존하지 않고 지금까지 축적된 연구 자료와 임상 보고서를 꼼꼼히 검토했다.

충분한 검토 끝에 브라이언은 일본 후쿠오카 트리니티 클리닉과 도쿄 긴자 클리닉에서 치료를 받기로 결정했다. 치료는 정맥 내 투여와 척수강 내 투여 방식으로 진행되었다.

아내는 당시를 이렇게 회상한다.

"기적을 기대하지는 않았어요. 다만 지금보다 더 나빠지지 않기를 바랐을 뿐입니다."

그럼에도 치료 이후 변화는 서서히, 그러나 분명하게 나타나기 시작했다. 파킨슨병의 주요 증상들이 완화되었고, 몸의 경직과 떨림이 줄어들었다. 무엇보다 숙면을 취할 수 있게 되었다.

이후 브라이언은 단순히 병의 증상이 완화된 것을 넘어, 자신의 몸이 다시 젊어지고 있다는 느낌을 받기 시작했다. 움직임이 가벼워졌고, 피로회복 속도가 달라졌으며, 다시 일하고 싶다는 의욕이 되살아났다.

아내는 그 변화를 가장 가까이에서 지켜본 사람이다. 그녀는 이렇게 증언한다. "정말 놀라워요. 남편은 다시 예전의 눈빛을 되찾았어요. 몸만 회복된 것이 아니라, 삶의 에너지가 돌아왔습니다."

브라이언은 다시 사업 현장으로 돌아갔다. 무리하지 않으면서 명확한 판단력과 집중력으로 사업을 다시 이끌기 시작했다. 그의 하루에는 다시 계획이 생겼고, 미래를 이야기하는 시간이 늘어났다.

이후 이 부부는 도쿄 긴자 클리닉에서 열린 기자회견에 참석해 직접 치료 경험과 효과를 설명했다. 누구에게나 같은 결과를 보장한다고 과장하지 않으면서 자신들이 경험한 변화를 솔직하게 나누었다.

지금은 파킨슨병으로 고통받는 사람들에게 바이오스타줄기세포기술연구원의 엔젤줄기세포 치료를 적극 추천하고 있다. 그 추천에는 경험에서 나온 확신이 담겨 있다.

리쥬비네이션은 단지 젊어 보이는 것을 의미하지 않는다. 그것은 삶을 다시 선택할 수 있는 상태를 의미한다. 브라이언 워커의 회복은 병의 굴레에서 벗어난 한 사람의 이야기이자, 한 가정이 다시 일상의 기쁨을 되찾은 기록이다.

이 이야기는 완벽한 치유 선언은 아니다. 그러나 분명한 것은, 회복을 포기하지 않았던 선택이 한 사람의 인생을 다시 움직이게 했다는 사실이다.

I 체험을 나누는 워커 부부

리쥬비네이션은 그렇게 조용히, 그러나 분명하게 오늘도 누군
가의 삶 속에서 일어나고 있다.

파킨슨병이 앗아간 자신감과 젊음, 되찾은 약사의 미소

평생 약국을 지키며 살아온 약사 강현자 씨는 2024년 1월 자신의 몸에서 일어나는 변화를 더 이상 외면할 수 없었다. 컵을 들 때마다 미세하게 떨리는 손과 글씨를 쓰려 하면 힘이 빠지던 손가락은 일상의 불편함을 넘어 불안으로 다가왔다.

결국 순천향병원 신경과에서 정밀검사를 받은 결과 '파킨슨병' 진단을 받았고 약물치료를 시작하게 되었다.

약사로서 수많은 환자를 보아왔지만, 정작 본인이 환자가 되었을 때 느끼는 두려움은 전혀 다른 차원의 감정이었다. 걸음걸이는 점점 조심스러워졌고, 사람들의 시선을 의식하게 되었다. 강현자 씨는 서서히 자신감을 잃어가고 있었다.

그런 그녀가 새로운 선택을 하게 된 것은 2025년 6월, 엔젤줄기세포 투여를 받으면서부터였다. 변화는 놀라울 정도로 빠르게 나타났다. 투여 후 얼마 지나지 않아, 오랫동안 그녀를 괴롭혀왔던 손 떨림이 멈추었다. '이렇게 즉각적인 호전이 가능할 수 있는

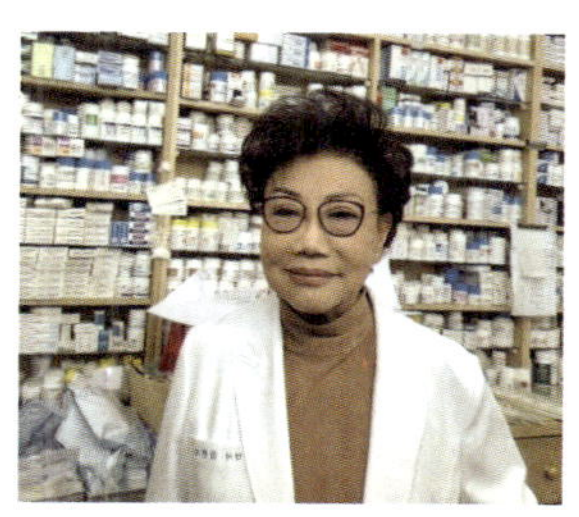

| 활력을 되찾은 강현자 씨

가' 하는 놀라움을 감출 수 없었다. 줄기세포 치료의 가능성을 이론으로는 알고 있었지만, 직접 몸으로 경험한 변화는 그 어떤 설명보다 강력했다.

손 떨림이 멈추는 것과 동시에 걸음걸이도 차츰 안정되기 시작했다. 다리에 힘이 붙으던서 보행에 대한 불안이 줄어들었고, 이제는 길을 걸을 때 타인의 시선을 의식하지 않게 되었다. 넘어질지도 모른다는 두려움에서 벗어나 다시 자연스럽게 걷는 일상으로 돌아왔다.

손에 힘이 돌아오자 글씨도 달라졌다. 흐릿하고 힘없이 써내려가던 글자가 또렷하고 안정적으로 써지기 시작했다. 약국에서 약봉투에 글씨를 적는 평범한 순간조차 그녀에게는 회복의 증거로 다가왔다. 이와 함께 기억력과 인지력도 눈에 띄게 좋아졌음을 자각할 수 있었다.

변화는 신체 기능에만 머물지 않았다. 피부색이 맑아졌고, 늘 고민이던 모발도 풍성해졌다. 약국을 찾는 단골고객들은 "어떻게 이렇게 젊어지셨습니까?"라는 질문을 인사말처럼 건네기 시작했다.

1년 넘는 병원 생활과 치료 과정에서 43kg까지 줄었던 체중이 49kg까지 회복되었다. 이는 단순한 체중 증가가 아닌 체력과 면역력 그리고 삶에 대한 자신감이 함께 돌아왔다는 의미였다.

강현자 씨는 약사이자 환자로서 말한다. "이번 경험은 단순한 증상 완화를 넘어 삶의 균형과 일상의 존엄을 되찾는 과정"이었다고 말이다.

엔젤줄기세포 치료는 그녀에게 다시 걷고, 쓰고, 일하며 살아갈 수 있게 해준 삶의 전환점이 되었다.

"이 산지를 내게 주소서"

...

갈렙의 기도

사람은 나이가 들수록 점점 더 많은 것을 스스로 내려놓곤 한다. 체력이 떨어지고 세상이 달라졌다는 이유로 이제는 물러설 때라며 젊음의 불꽃을 하나둘 꺼뜨린다. 하지만 성경은 분명히 말한다. 어떤 사람은 나이가 들어도 더 젊어지고, 어떤 사람은 세월이 흘러도 기력을 잃지 않는다고. 그 차이는 타고난 성격이나 기질 때문이 아니라 여호와 하나님의 사랑이 그 사람의 삶 속에서 어떻게 역사하셨느냐에 달려 있다. 갈렙의 이야기는 이 사실을 조용하지만 힘 있게 증언한다.

갈렙은 젊은 시절, 여호수아와 함께 가나안 땅을 정탐했던 인물이다. 많은 사람이 두려움에 사로잡혀 부정적인 현실단을 말할 때, 갈렙은 하나님의 약속을 언급했다. "우리가 곧 올라가서 그 땅을 취하자"(민수기 13:30) 이 말은 단순히 개인의 용맹함에서 나온 것이 아니었다. 하나님이 자기 백성을 사랑하시며, 그 약속을 반드시 이루어주신다는 굳건한 믿음에서 나온 고백이었다.

그러나 그 당당한 고백 후에도 40년이라는 긴 광야의 시간이 기다리고 있었다. 이스라엘 백성과 함께 그 고된 세월을 견뎌야 했던 갈렙을 지탱한 것은 그의 인내력이 아니었다. 여호와 하나님이 여전히 자신을 사랑하고 계신다는 확신이 그를 붙들었다

마침내 약속의 땅에 들어섰을 때, 갈렙은 여호수아 앞에서 자기 공로를 내세우는 대신 이렇게 고백한다. "여호와께서 이 말씀을 모세에게 이르신 때로부터 이스라엘이 방황한 이 사십오 년 동안을 여호와께서 말씀하신 대로 나를 생존하게 하셨나이다"(여호수아 14:10) 갈렙은 자신을 여기까지 이끄신 분이 하나님이심을 분명히 알고 있었다.

85세가 된 갈렙은 이어서 이렇게 말한다. "오늘날 내가 여전히 강건하니"(여호수아 14:11) 이 고백은 단순한 자신감의 표현이 아니라 하나님이 생명을 붙드시고 힘을 주셨다는 감사의 고백이었다. 갈렙의 젊음은 스스로 노력한 결과가 아니라 그의 기도를 들으시고 응답하신 하나님의 사랑과 은혜가 맺은 열매였다.

그리고 갈렙은 기도한다. "그러므로 이제 이 산지를 내게 주소서"(여호수아 14:12) 이 기도는 욕심의 기도가 아니라 여전히 하나님과 함께 걷고 싶다는 간절한 사랑 고백이었다. 갈렙은 나이를 내세우지 않았고 자기 능력을 주장하지도 않았다. 그는 단지 하나님

이 허락하시면 순종하겠다는 겸손한 마음으로 기도했다.

성경은 여호와께서 갈렙에게 그 산지를 주셨다고 기록하고 있다. 이것은 갈렙의 승리가 아니라 하나님이 사랑으로 그의 기도를 들으신 응답이었다. 하나님은 갈렙의 나이를 묻지 않으셨고 그의 한계를 계산하지 않으셨다. 끝까지 하나님을 따랐던 한 사람의 기도를 기쁘게 받으셨을 뿐이다.

여호와 하나님의 사랑은 갈렙을 늙지 않게 하신 것이 아니라 늙어도 두려움에 묶이지 않게 하셨고, 시간이 흘러도 마음이 식지 않게 하셨으며, 여전히 부르심 앞에 설 수 있게 하셨다. 이것이 성경이 말하는 참된 젊음이다.

오늘을 살아가는 우리에게도 이 사랑은 동일하다. 우리가 다시 젊어질 수 있는 이유는 무엇인가를 증명했기 때문이 아니라 여호와 하나님이 여전히 우리를 사랑하시고 우리의 기도를 들으시는 분이기 때문이다.

"이 산지를 내게 주소서"라는 갈렙의 기도는 사랑받고 있음을 아는 사람이 드리는 담담한 기도이다. 그리고 그 기도를 들으신 하나님의 사랑은 한 사람을 다시 젊게 하셨다.

그 사랑은 지금도 변하지 않는다. 하나님은 여전히 기도를 들으시고 사랑으로 사람을 다시 일으키시며, 그 사랑 안에 머무는 사람을 날마다 새롭게 하신다.

3장
리바이탈라이제이션

(Revitalization, 생기를 찾음)

'생기(Revitalization)'는 단지 '기분이 좋아졌다'라는 말로는 다 담아낼 수 없는 상태다. 중노년이 경험하는 생기란, 아침에 눈을 떴을 때 몸이 무겁게 가라앉지 않고 하루를 충분히 살아낼 수 있으며, 작은 활동 뒤에도 회복이 가능하다는 확신이 드는 상태를 뜻한다.

과학의 언어로 말하면 이는 단순한 활력의 느낌이 아니라 전신의 에너지 흐름과 신경·면역·내분비 조절이 회복되는 현상이며, 그 조절이 만들어내는 기능적 여유, 곧 예비력(functional reserve)이 다시 살아나는 상태다.

리제너레이션(Regeneration)이 멈추어 있던 회복의 스위치를 다시 켜는 일이고, 리쥬비네이션(Rejuvenation)이 회복력이 살아나는 방향으로 환경을 재정렬하는 일이었다면, 리바이탈라이제이션 (Revitalization)은 그다음 단계로서 회복된 시스템이 실제 삶의 리듬 속에서 생기로 드러나도록 전신을 조절하고 에너지 배분을 다시 세우는 과정이다. 이 단계에서 줄기세포는 더 이상 국소 조직만을 돕는 데 그치지 않고, 전신의 기능 네트워크가 다시 협력하도록 돕는 신호 역할을 분명히 드러낸다.

많은 사람이 병이 생기면 기능이 떨어졌다고 생각하지만 실제로는 기능이 떨어지기 전에 먼저 줄어드는 것이 있다. 그것은 바로 예비력이다. 젊을 때는 잠을 조금 덜 자도 하루를 버틸 수 있고, 과로해도 며칠 지나면 회복되며, 통증이 있거나 감기에 걸려도 다시 원래 상태로 돌아올 수 있는 여지가 많다. 하지만 나이가 들수록 같은 자극에도 회복이 느려지고 작은 스트레스에도 몸 전체가 크게 흔들리며 그 흔들림이 오래 지속된다.

과학적으로 이는 항상성을 되돌리는 능력이 약해진 상태이며, 생리학적으로는 신경계·면역계·내분비계가 서로 신호를 주고받아 균형을 재구성하는 속도와 정확도가 떨어진 상태다. 그래서 생기가 사라졌다는 느낌은 단순히 힘이 없다는 말이 아니라 몸이 균형을 되찾는 과정에서 매번 더 많은 비용을 치르는 상태, 다시 말해 회복 비용이 과도하게 늘어난 상태라고 할 수 있다.

줄기세포에 의한 리바이탈라이제이션을 이해하려면 한 부위의 조직 재생에만 국한되지 않고 전신 조절 네트워크로 시선을 넓혀야 한다. 만성 염증이 지속되면 면역계는 끊임없이 경보를 울리고, 이 경보는 신경계의 긴장도를 높인다. 긴장된 신경계는 다시 내분비계 반응을 통해 염증과 대사에 영향을 미친다. 이 악순환이 고착되면 피곤하지만 잠이 오지 않고, 잠을 자도 개운하지 않으며, 사소한 일에도 쉽게 지치고 통증이 반복되는 상태가 된다.

줄기세포는 이 악순환을 단번에 끊는 마법이 아니다. 대신 신호의 강도를 조절해 과흥분 상태를 낮추고 회복 모드로 전환될 수 있는 조건을 만들며, 조절 네트워크가 다시 동기화되도록 돕는다. 그래서 리바이탈라이제이션은 특정 부위가 개선되었다는 느낌보다는 전체 리듬이 안정되기 시작했다고 체감하게 된다.

생기의 핵심은 의외로 수면과 깊게 연결되어 있다. 만성 염증과 통증이 지속되면 뇌와 신경계는 안정적으로 휴식 모드로 들어가기 어렵고, 수면의 질은 낮아지며 회복은 지연된다. 수면 패턴이 깨지면 염증은 더 오래 남고, 이는 다시 통증과 불안을 키워 다음 날의 피로를 누적시킨다.

줄기세포 기반 접근에서 자주 관찰되는 초기 변화가 통증의 즉각적 소실이 아니라 수면의 질이 서서히 안정된다는 형태로 나타나는 이유가 바로 여기에 있다. 염증 및 면역계 신호의 강도가 낮아지면 뇌는 더 쉽게 안정 모드로 들어가고 수면의 질이 회복된다. 그리고 그때부터 비로소 몸은 회복을 위한 시간을 확보하기 시작한다. 리바이탈라이제이션은 회복 시간을 되찾는 과정이며, 그 시간이 축적될 때 비로소 생기가 발현된다.

생기는 국소 통증이 줄어드는 것만으로 생기지 않는다. 생기는 전신의 조직들이 충분한 에너지를 받을 수 있다고 느낄 때 나타난다. 미세순환이 떨어진 상태에서는 근육과 뇌, 신경이 늘 연료가 부족한 상태에 놓여 작은 활동에도 쉽게 지친다.

줄기세포가 보내는 신호는 혈관 내피 기능을 돕고 미세혈관 환경을 회복 방향으로 만들며, 산소와 영양 공급, 노폐물 제거의 균형을 개선하는 데 기여한다. 그 결과 몸은 갑자기 힘이 솟기보다 덜 무거운 상태로 하루를 보내고, 많이 움직여도 다음날이 두렵지 않은 방식으로 변화한다. 이것이 리바이탈라이제이션의 과학적 실체이며, 전신 대사의 비용이 내려갈 때 나타난다. 이러한 점에서 줄기세포의 역할은 그 비용을 낮출 수 있는 조건을 만드는 방향으로 이해된다.

만성 피로와 무기력은 마음의 문제로만 설명되지 않는다. 에너지 생산과 배분이 흔들린 상태, 즉 대사 균형이 회복을 향해 재정렬되지 못한 상태에서는 몸이 계속 방어 모드에 머문다. 줄기세포 기반 리바이탈라이제이션에서 핵심축 중 하나는 산화 스트레스 부담이 줄고 회복에 필요한 대사 환경이 안정되며, 에너지 사용이 효율화되는 방향으로 환경이 바뀌는 것이다. 이러한 변화는 '젊어 졌다'는 말보다 '살 만해졌다'는 말로 더 정확히 표현된다. 리바이 탈라이제이션은 외형의 젊음을 되찾는 것이 아니라 '삶을 다시 살 아낼 수 있는 에너지의 여유를 회복하는 일'이기 때문이다. 결국 리바이탈라이제이션이란 움직임을 다시 허락하는 상태이며, 그 움직임이 회복될 때 비로소 생기가 생긴다.

리바이탈라이제이션이 서서히 나타나는 이유는 그것이 하나의 변화가 아니라 여러 변화의 총합이기 때문이다. 수면의 질이 개선 되고, 통증이 줄며, 회복이 빨라지고, 움직임이 늘어난다. 그 움직 임이 다시 에너지 예비력을 만들고, 그 예비력이 커지면서 삶의 리듬을 안정시키는 축적의 과정이 생기를 만든다. 그래서 줄기세 포 기반 리바이탈라이제이션은 단번에 새 사람이 되는 것이 아니 라 다시 살아갈 수 있는 여유가 차곡차곡 쌓이는 과정으로 이해되 어야 한다.

이렇게 줄기세포 과학은 생기가 돌아오는 조건을 설명할 수는 있지만 그 생기 자체를 만들어내지는 못한다. 성경은 이 지점을 분명히 말한다. 하나님이 사람을 지으시고 그 코에 생기를 불어넣 으시니, 사람이 생령이 되었다고. 다시 말해 생기는 단순한 물리 적 에너지나 활력의 문제가 아니라 하나님이 숨을 불어주실 때 비 로소 회복되는 존재의 차원이다.

그래서 나는 점점 분명히 깨닫게 되었다. 줄기세포가 회복의 길을 열고, 생명이 다시 움직일 수 있는 조건을 마련할 수는 있지만, 그 조건 위에 실제로 생기가 돌아오는 순간은 하나님의 숨, 곧 성령의 역사 없이는 완성될 수 없다는 사실을.

과학이 말하는 리바이탈라이제이션이 생기가 돌아올 수 있는 그릇을 준비하는 일이라면, 성경이 말하는 성령의 능력은 그 그릇에 생명을 실제로 채우는 사건이다. 그렇기에 어떤 회복은 수치로 설명되지 않고, 어떤 변화는 검사 결과로 다 담아낼 수 없다. 어떤 생기는 단지 '몸이 좋아졌다'는 체감을 '다시 살고 싶어졌다'는 고백으로 드러낸다. 이것이 바로 성령의 능력이며, 생기가 진정으로 되살아나는 지점이다.

이 사실 앞에서는 겸손해질 수밖에 없다. 줄기세포 과학이 아무리 발전해도 과학은 성령의 능력을 대체할 수 없으며, 오히려 그 능력을 증언하는 도구에 가깝다. 생기가 회복된 사람의 눈빛이 달라지고 삶의 방향이 다시 세워지며 포기했던 내일을 다시 기대하게 되는 순간을 지켜보며, 나는 더 이상 리바이탈라이제이션을 생리학적 현상으로만 부르지 않는다. 그것은 하나님이 여전히 생명에게 숨을 불어넣고 계시다는 증거이며, 성령님이 오늘도 무너진 존재를 다시 '살아 있는 자리'로 부르고 계시다는 증언이다.

류마티스 통증으로 내려놓았던 붓,
다시 들게 된 화가

화가인 존 컬리슨은 오랫동안 삶의 색을 잃어가고 있었다. 이는 하루아침에 찾아온 변화가 아니라 서서히 스며든 고통과 체념의 시간이었다. 류마티스로 인한 통증은 그의 손과 관절을 굳게 만들었고, 결국 그가 가장 사랑하던 붓을 내려놓게 했다.

우리가 처음 존 컬리슨을 만난 곳은 플로리다의 아름다운 휴양지 네이플스에서였다. 햇살은 충분히 따뜻했고 바다는 평온했지만 그의 몸 상태는 그 풍경과 어울리지 않았다. 테이블 위에는 약봉지들이 놓여 있었고, 그는 하루에도 몇 번씩 한 움큼의 약을 먹어야 했다. 그중에는 마약성 진통제도 있었다.

존은 몹시 허약해 보였고, 무엇보다 삶의 의욕이 많이 떨어진 상태였다. 화가였던 그에게 손은 단순한 신체 일부가 아닌 자기 존재를 표현하는 통로였다. 하지만 더 이상 붓을 쥘 수 없게 된 그는 조용히 말했다.

"아마도 이제는 그림을 그리지 못할 것 같습니다."

존의 이야기는 이대로 끝나지 않았다. 그는 마지막 여행이라는 생각으로 한국을 방문했고, 2008년 겨울 중국 연길의 조양 재생 의학 병원에서 줄기세포 투여를 받았다.

치료는 쉬운 길이 아니었다. 모든 통증이 사라진다는 약속도 없었고, 오랜 세월 쌓인 관절 손상이 단번에 회복된다는 보장도 없다. 다만 존에게는 한 가지 바람이 있었다.

"이 통증에서 벗어나 다시 손을 움직일 수만 있다면….""

변화는 빨리 나타났다. 그를 괴롭혔던 극심한 통증이 잦아들고 굳었던 손가락이 조금씩 움직이기 시작했다. 마침내 손가락을 한 마디씩 구부릴 수 있게 되었고, 어릴 적 즐기던 손놀이도 다시 할 수 있을 만큼 회복되었다.

무엇보다 결정적인 변화는 마약성 진통제를 끊을 수 있게 된 점이었다. 약물에만 의존해 통증을 견디던 시간이 끝나고, 몸이 스스로 반응하기 시작했다.

그리고 존은 다시 붓을 들었다. 다시 시작한 첫 그림은 크지도 완벽하지도 않았지만, 그림 안에는 다시 살아 있다는 감각이 담겨 있었다. 그 후 존은 하와이로 향했고 그곳에서 많은 작품을 탄생시켰다. 그에게 그림을 그리는 시간은 단순히 창작의 과정의 넘어 치료의 연장이었고, 삶의 경이로움을 다시 배우는 시간이었다.

존은 나를 만날 때마다 웃으며 이렇게 말하곤 했다.

“닥터 라! 줄기세포는 내게 즐거움을 주는 조이 주스(joy juice)입니다.”

리바이탈라이제이션은 단순히 몸이 좋아지는 것을 의미하지 않는다. 내려놓았던 삶의 일부를 다시 붙잡을 수 있게 되는 상태를 말한다. 존 컬리슨에게 그림은 삶의 일부였고, 붓을 다시 든 순간 그의 인생은 다시 움직이기 시작했다.

이 이야기는 완벽한 회복 선언은 아니다. 하지만 분명한 것은 회복을 향한 한 번의 선택이 한 사람의 삶에 생기와 방향을 다시 불어넣을 수 있다는 사실이다.

화가 존 컬리슨의 활동 모습

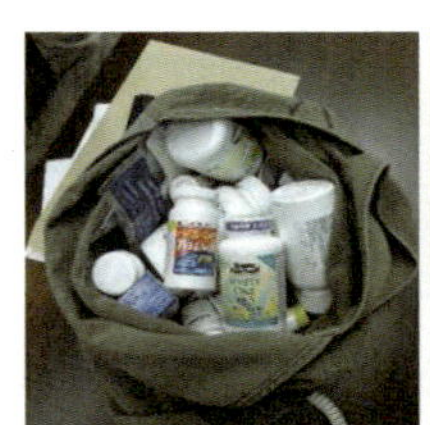
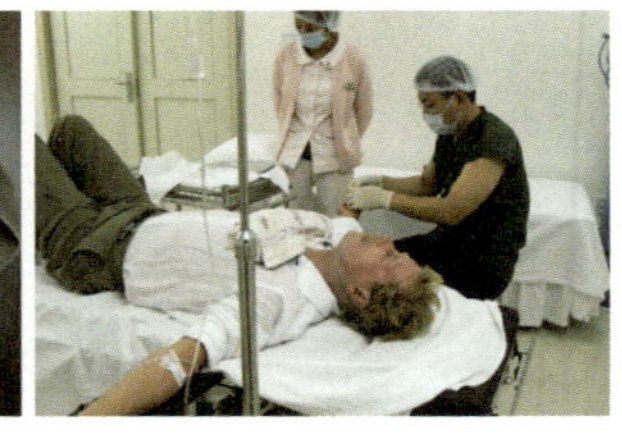

마약성 진통제를 포함한 약 꾸러미와
줄기세포 시술 모습

리바이탈라이제이션은 손끝에서 시작해 마음으로 번지고 다시 삶 전체로 확장된다. 존 컬리슨의 그림처럼.

건강해진 후 줄기세포를 형상화한 그림을 그리고 있는 존 컬리슨

줄기세포 치료로
달라진 삶을 이야기하는
존 컬리슨 ▼

전신성 홍반성 루푸스가 불러온 고통의 악순환,
드디어 돌아온 일상

2019년, 반도체 공장에서 근무하던 송지원 씨는 갑작스럽게 흉부에 피부 발진이 나타났고, 참기 어려울 정도의 심한 가려움증이 동반되었다. 처음에는 일시적인 피부 트러블이라 생각했지만 증상은 순식간에 두피로 번졌고, 결국 심각한 원형탈모로 이어졌다. 이후 전신 관절통증까지 생기면서 일상생활은 점점 버거워졌다.

정밀검사 결과, 진단명은 전신성 홍반성 루푸스(SLE)였다. 증상이 악화되면서 결국 휴직을 선택할 수밖에 없었다. 입원 후 확인된 진단은 한 가지에 그치지 않았다. 전신 피부병변은 물론 인지기능 장애, 뇌수막염, 황반변성까지 복합 진단이 내려졌다. 증상을 억제하기 위해 장기간 고용량 스테로이드 치료가 불가피한 상황이었다. 치료의 대가는 혹독했다. 2023년 11월, 장기간 스테로이드 부작용으로 우측 무릎 골괴사 진단을 받았다. 2024년 1월 무릎 골괴사 치료를 받았지만 반복되는 부작용과 통증, 체력 저하라는 악순환의 고리는 쉽게 끊어지지 않았다.

전환점은 엔젤줄기세포 투여 후에 찾아왔다. 세 번째 투여 후 두피와 얼굴, 두 팔의 피부병변이 눈에 띄게 호전되었다. 오랫동안 그녀를 괴롭혔던 원형탈모도 완치 판정을 받았다.

2025년 1월 시행한 검사에서 각종 혈액 지표와 염증 수치는 전반적으로 정상에 가까워졌다는 결과가 나왔다. 담당 의사의 소견하에 현재 상태를 유지하며 스테로이드 복용량을 점진적으로 줄여가고 있다.

끝이 보이지 않던 고통의 연속이었던 시간은 엔젤줄기세포 치료를 계기로 마침내 멈추게 되었다.

인생에서 누구든 기운 빠지는 시간이 찾아온다. 단순히 몸이 늙어서가 아니라 마음이 오래 지쳐 더 이상 앞으로 나아갈 힘이 없다고 느껴지는 순간이다. 젊은 날 품었던 큰 뜻은 사라지고 지난날의 잘못된 선택에 대한 후회는 마음에 남아 "이제 내 인생은 여기까지인가 보다."라며 스스로 정리해버리는 때가 온다. 성경에 기록된 모세의 삶은 바로 그런 시간을 지나 다시 생기를 찾은 사람에 관한 이야기이다.

모세는 처음부터 위대한 사명자는 아니었다. 그는 왕궁에서 자라며 큰 뜻을 품었지만, 서투른 정의감와 분노로 인해 한 사람을 죽이는 죄를 범한다. 그날 이후 모세의 인생은 완전히 달라졌다. 한순간에 도망자가 되어 권력도 명예도 꿈도 없는 미디안 광야로 떠났다. 그곳에서 모세는 이름 없는 목자가 되어 양을 치며 살았다.

40년이라는 시간은 결코 짧지 않았다. 모세는 그 시간 동안 아무런 기록을 남기지 못했고, 특별한 업적도 이루지 못했다. 매일 양떼를 몰며 물을 찾아다니고, 해가 지면 쉬고 다시 같은 길을 걷는 일상의 반복이었다. 젊은 날의 열정과 자신감은 점점 사라졌고, 마음속에는 '나는 이제 끝난 사람이다'라는 체념이 자리 잡았을지도 모른다.

그러나 성경은 그 40년 동안에도 여호와 하나님은 모세를 잊지 않으셨다고 기록하고 있다. 모세가 광야에서 죽은 듯이 살고 있을 때에도, 하나님은 당신의 계획 안에서 그를 돌보고 계셨다. 하나님은 서두르지 않으셨고 모세를 다그치지도 않으셨다. 하나님의 때는 언제나 인간의 계산보다 깊고 정확하다.

마침내 하나님의 때가 되던 날, 모세는 평소와 다름 없이 양떼를 몰고 광야를 지나가다가 기이한 광경을 보게 된다. 떨기나무에 불이 붙었으나 그 나무가 타지 않는 모습이었다. 모세는 그 광경 앞에서 발걸음을 멈추었다. 오랜 세월 무뎌졌던 그의 마음이 다시 깨어나는 순간이었다.

하나님은 그 자리에서 모세를 부르신다. "모세야, 모세야"(출애굽기 3:4) 이 부르심은 지난날에 대한 꾸짖음이 아니었고, 과거를 들추는 말도 아니었다. 그저 이름을 부르시는 하나님의 음성이었다. 그 음성 앞에서 모세는 자신의 인생이 아직 끝나지 않았다는 사실을 처음으로 깨닫는다.

그 만남 이후, 모세의 삶은 다시 생기가 돌기 시작한다. 그는 여든의 나이에 새로운 사명을 받는다. 인간의 기준으로 보면 너무 늦은 나이였지만 하나님의 시간표에서는 정확한 때였다. 모세는 더 이상 혈기 왕성한 젊은이는 아니었지만, 대신 광야에서 다듬어진 마음과 하나님을 의지하는 겸손을 갖추고 있었다.

모세는 인생의 마지막 40년을 가장 빛나는 사명자로 살아간다. 애굽에서 이스라엘 백성을 이끌고, 광야를 지나 약속의 땅을 바라보는 여정 속에서 하나님의 친구로 살아간다. 그의 삶은 다시 뜨겁게 타올랐지만 떨기나무처럼 불꽃에 타지 않았다.

모세의 이야기는 오늘을 살아가는 우리에게 분명한 메시지를 전하고 있다. 인생의 참된 생기는 환경에서 오는 것이 아니라 하나님을 만날 때 다시 살아난다는 사실이다. 중노년의 삶은 끝을 준비하는 시간만은 아니다. 오히려 하나님을 만날 준비가 되어 있는 귀한 시간일 수 있다.

생기를 되찾고 싶다면, 하나님을 만나야 한다. 모세가 그랬듯 하나님을 만나는 순간, 인생은 다시 시작된다. 나이가 문제가 아니라 만남이 문제이다. 하나님은 지금 이 순간에도 여전히 우리를 부르고 계신다.

4장

리크리에이션

(Recreation, 온전한 몸으로의 회복)

　'재생'이 멈춘 기능을 다시 켜는 일이라면, '젊어짐'은 회복력을 되살리는 방향 전환이며, '생기'는 삶을 다시 살아낼 수 있는 에너지의 회복이라 할 수 있다. 그러나 이 모든 과정이 충분히 이루어진 뒤에도 인간은 어느 순간 또 하나의 근본적인 질문 앞에 서게 된다. "이제 나는 어떻게 살아야 하는가." 몸이 다시 반응하고 회복의 여유가 생기며 생기가 돌아왔을 때, 그 생명은 더 이상 이전과 같은 방식으로만 살아갈 수 없다는 사실을 깨닫게 되기 때문이다. 바로 이 지점에서 우리는 리크리에이션(Recreation), 곧 '새롭게 빚어짐', '재창조'라는 차원으로 들어서게 된다.

　리크리에이션은 단순한 상태 개선이나 기능 회복을 의미하지 않는다. 그것은 존재의 방향이 다시 설정되는 사건이며, 회복된 생명이 과거의 틀로 되돌아가지 않고 새로운 질서 안에서 재구성되는 과정이다. 과학의 언어로 말하면, 이는 손상된 시스템이 복구된 이후 나타나는 조직 재구성(remodeling)과 기능 재배치(repatterning)의 단계이다.

줄기세포 과학에서도 재생과 젊어짐, 생기가 회복된 이후에 가장 중요하게 관찰되는 변화는 단순한 기능 향상이 아니라 몸 전체가 이전과는 다른 방식으로 반응하기 시작한다는 사실이다. 같은 자극에도 덜 흔들리고 동일한 스트레스 상황에서도 더 많은 여유를 보인다. 회복된 몸은 스스로를 소모하는 방향이 아니라 지속 가능한 방향으로 살아가도록 재설계된다. 이것이 바로 '새롭게 빚어짐'의 생리학적 표현이다.

줄기세포의 리크리에이션 기전(機轉, 작용 원리)은 단일 현상이 아니라 여러 층위의 변화가 겹쳐서 나타나는 조직 재탄생의 과정이다. 젊고 건강한 세포의 재생은 단순히 세포 수의 증가만을 의미하지 않는다. 조직은 세포뿐 아니라 세포들이 붙어 살아가는 바탕인 기질(ECM), 혈관과 림프의 순환, 신경 신호, 면역세포의 균형 그리고 각 세포의 역할을 알려주는 신호 네트워크가 함께 맞물릴 때 비로소 건강한 형태를 갖춘다. 그래서 줄기세포의 리크리에이션은 '세포를 더한다'가 아니라 '조직의 무대 전체를 다시 세팅하는 일'에 가깝다.

줄기세포는 혈관과 산소, 영양의 기반을 다시 세운다. 건강한 조직의 재탄생에는 반드시 '흐르는 길'이 필요하다. 노화된 조직은 미세혈관 기능이 떨어지고 산소 공급이 부족해지며, 이런 상태에서는 아무리 좋은 재생 신호가 있어도 실제로 조직을 새롭게 만들어갈 에너지와 자원이 부족하다. 줄기세포가 보내는 신호는 혈관 내피 기능과 미세순환을 회복 방향으로 이끌고 조직이 다시 숨 쉴 수 있는 조건을 마련한다. 이 단계는 겉으로는 잘 드러나지 않지만 조직의 재탄생을 가능하게 하는 토대이자 바닥 공사이다.

또한 줄기세포의 리크리에이션은 조직 기질과 섬유화의 리모델링을 포함한다. 한번 딱딱해진 조직, 섬유화가 진행된 조직에서는 세포가 정상적인 신호를 받기 어렵고, 줄기세포조차 제대로 기능하기 힘들다. 즉, 병든 조직은 세포만 늙은 것이 아니라 무대 자체가 늙은 상태다. 줄기세포가 제공하는 신호는 이 무대의 질서를 다시 정돈하고, 세포들이 정상적인 기계적·화학적 신호를 받으며 제 역할을 할 수 있도록 환경을 재구성한다. 이때 조직은 단순히 회복되는 것이 아니라 새로운 형태로 다시 태어난다.

이 모든 과정을 종합하면, 젊고 건강한 세포의 재생은 조직의 환경·혈류·기질·면역·신호 체계가 함께 재구성될 때 비로소 건강한 조직의 재탄생을 이룬다. 그래서 리크리에이션은 단지 세포의 문제가 아니라 조직 전체의 질서가 새롭게 빚어지는 사건이며,

그 질서가 회복될 때 기능은 '되돌아오는 것'을 넘어 '새로운 안정성'을 얻게 된다.

이 지점에서 우리는 예수님의 말씀을 떠올리지 않을 수 없다. 예수님이 니고데모에게 하신 "사람이 거듭나지 아니하면 하나님의 나라를 볼 수 없다"(요한복음 3:3)라는 말씀은 단순히 도덕적 개선이나 종교적 결심을 의미하지 않는다. 그 말씀의 본질은 하나님께로 돌아오지 않으면 인간은 본래의 자리를 회복할 수 없으며, 하나님께로 돌아올 때에만 비로소 하나님의 자녀로 다시 창조될 수 있다는 존재론적 선언이다. 다시 태어남은 더 나은 사람이 되는 것이 아니라 본래 있어야 할 자리로 되돌아가는 사건이다.

예수님을 세 번이나 부인했던 베드로는 실패한 제자, 무너진 신앙인의 상징처럼 보였지만, 부활하신 예수님을 다시 만난 후 그는 과거의 수치와 두려움에 매몰되지 않고 변치 않는 믿음의 증인으로 재창조되었다. 그는 자신의 의지로 버티는 사람이 아니라 사랑 안에서 새롭게 빚어진 존재로 살아가기 시작했다. 기도하는 그리스도인들을 핍박하던 사울 역시 다메섹 도상에서 예수님을 만난 후 단순히 생각이 바뀐 수준을 넘어 존재 자체가 전환되었다. 핍박자는 증인이 되었고 율법의 열심은 은혜의 전달자로 재구성되었으며, 그는 예수의 증인으로 재탄생했다. 이것이 바로 성경이 말하는 리크리에이션, '재창조'다.

줄기세포의 리크리에이션이 몸의 질서를 다시 세워 건강한 조직의 재탄생을 돕는다면, 예수님은 영과 혼과 육을 아우르는 전인적 존재를 영생의 방향으로 다시 창조하신다. 줄기세포는 젊고 건강한 몸으로의 재탄생을 돕는 도구이지만, 예수님은 인간 존재를 하나님의 자녀로 회복시키신다. 과학은 몸의 재탄생을 가능하게 하는 길을 열어주고, 예수님은 존재의 재탄생을 완성하신다.

그래서 리크리에이션은 회복의 마지막 단계이면서 등시에 새로운 시작이다. 다시 살리고, 젊게 하고, 생기를 주신 뒤에도 하나님은 그 생명을 그대로 두지 않으신다. 오히려 그 생명이 다시 무너지지 않도록, 이전의 속도와 욕망으로 돌아가지 않도록, 새로운 질서와 새로운 방향으로 우리를 빚으신다. 이것이 바로 새롭게 빚으시는 사랑이며, 회복 이후에 요구되는 성숙의 길이다.

아토피와 난임을 극복한 후 찾아온
생명의 축복

전화기 너머로 들려온 송은혜 교수의 목소리는 밝고 떨림이 있었다.

"박사님, 저 임신했어요. 줄기세포 덕분이에요."

그 한마디에 시간은 자연스럽게 과거로 돌아갔다. 우리는 그녀가 아직 대학생이던 2010년 무렵 처음 만났다.

송은혜 교수의 부친은 저명한 사회학자이자 유명 대학의 교수다. 그 가정에는 오랫동안 풀리지 않는 큰 걱정거리가 있었다. 바로 딸 은혜 씨의 난치성 아토피 피부질환이었다.

은혜 씨는 어릴 때 아토피로 인한 가려움 때문에 잠을 이루지 못했고, 피부는 늘 붉고 상처투성이였다. 그녀는 자신의 질병이 부모에게서 물려받았다는 생각 때문에 원망도 싹텄다.

처음 만났을 때 그녀는 대학교 4학년이었는데, 아토피 때문에 대학원 진학을 포기하려는 상황이었다. 질병 앞에서 한 사람의 인생이 멈춰 서있던 순간이었다.

그 무렵 은혜 씨는 정맥 내 줄기세포 치료를 3회 받았다. 변화는 서서히 나타났고, 가려움이 줄어들며 피부 상태가 안정되기 시작했다. 무엇보다 그녀의 표정이 달라졌다. 이후 대학원에 진학했고, 대학원을 마친 후 미국 유학을 떠났다.

약 10년 후, 코로나를 앓고 난 후 아토피 증상이 재발했다. 다시 줄기세포 치료를 받았고 동시에 난임 치료도 병행했다. 그 과정에서 병원의 담당 의사는 놀라며 이렇게 말했다고 한다.

"아니, 도대체 무얼 드셨나요? 산삼이라도 드셨어요?"

"난소 호르몬 AMH 수치가 올라가 있고, 난자 상태가 너무 좋아요."

이후 임신에 성공했고 쌍둥이를 출산했다. 이제 그녀는 아토피로 부모를 원망하던 소녀가 아니라 사랑으로 아이들을 키우는 엄마가 되었다.

더 나아가 부모와 함께 줄기세포 체험을 공유하며, 가족 전체가 회복의 여정을 함께 걷고 있다.

송은혜 교수의 이야기는 단순히 아토피가 좋아졌다는 사례를 넘어 몸과 마음, 관계와 인생이 다시 만들어진 리크리에이션 이야기이다.

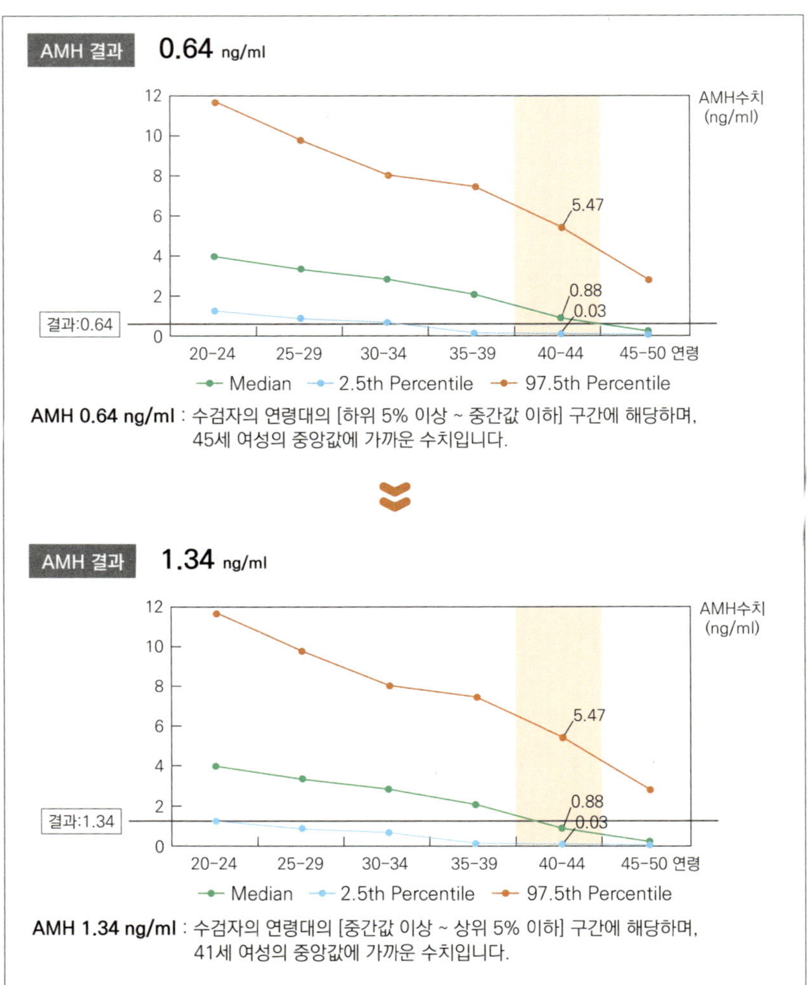

| 송은혜 씨의 AMH 호르몬 수치 증가 도표 (치료 전·후 비교)

라 박사님, 출장 중에도 답신 주셔서 감사합니다.

우리 딸 은혜가 줄기세포 치료 덕분에 아토피가 개선되었고, 난임 치료도 성공하면서 너무나 사랑스러운 쌍둥이 손녀를 얻은 후, 더없이 감사한 나날을 보내고 있습니다.

박사님께 새로운 소식을 전해드립니다. 은혜가 셋째를 임신하여 올(2026년) 봄에 출산할 예정입니다. 이번에도 손녀라고 합니다. 은혜는 딸 부자가 되었습니다. 드라마에서나 보던 일들이 우리 집에 생기니 이 어찌 축복이 아니겠습니까?

라 박사님을 만난 후 줄기세도는 우리 가족의 건강을 지켜주는 등불이 되었습니다. 저는 2024년 늦가을에 한 번 맞았는데, 그 효과가 지금도 지속되고 있다는 확신이 들 정도로 몸 상태가 좋습니다.

저는 처음 간 후쿠오카 병원 대기실에서 만난 분들이 들려준 이야기에서 희망을 접했습니다. 자영업을 하신다는 어느 여 사장님은 무릎을 다치고 힘들었는데, 줄기세포를 맞은 후 걸음걸이뿐 아니라 자신감도 회복했다고 하시더군요. 유독 흰머리가 멋진 80대 초반 여성분은 줄기세포 덕분에 친구들보다 건강하게 여생을 보내고 있다고 하셨습니다. 자신들의 경험을 이야기하는 분들의 모습은 하나같이 밝고 활력이 느껴졌습니다.

이제 저는 일흔 고개를 넘습니다. 줄기세포 덕에 얻은 건강으로 사회적 헌신에 더욱 진지한 열정을 쏟겠다고 다짐합니다.

줄기세포가 앞으로의 저의 열정과 각오를 지켜주는 등불이 되어주길 기대해 봅니다.

2026년 1월 11일

"네 이름이 무엇이냐"

...

이스라엘로 다시 태어난 야곱

야곱의 인생은 한마디로 '붙잡는' 인생이었다. 태어날 때부터 형의 발꿈치를 잡고 나왔고, 살아가면서도 늘 무언가를 붙잡아야 안심이 되는 사람이었다. 축복을 붙잡았고, 관계를 붙잡았고, 자신의 미래를 붙잡았다. 하나님을 믿지 않았던 것은 아니지만 야곱은 끝까지 자기 손으로 인생을 움켜쥐고 살아야 하는 사람이었다.

그런 야곱에게 결정적인 밤이 찾아온다. 형 에서를 다시 만나야 하는 두려움 앞에서 그는 가족과 소유를 모두 얍복강 저편으로 보내고 홀로 남는다. 더 이상 계산할 것도, 도망칠 길도 없는 밤이었다. 바로 그때, 한 사람이 나타나 야곱과 씨름을 한다. 그 씨름은 단순한 몸싸움이 아니라 야곱 인생 전체가 걸린 씨름이었다.

날이 새려 할 때 그 사람은 야곱의 환도뼈(넓적다리뼈)를 치고 떠나려 했다. 그로 인해 다리를 절게 되었지만, 그 순간에도 야곱은 상대의 옷자락을 놓지 않는다. 그리고 이렇게 말한다. "당신이 내게 축복하지 아니하면 가게 하지 아니하겠나이다"(창세기 32:26) 이 말은 축복 하나 더 달라는 말이 아니었다. 이제는 더 이상 예전 방식으로 살지 않겠다는 고백이었고, 이제는 하나님 없이 인생을 붙잡지 않겠다는 절규였다.

그때 하나님은 야곱에게 물으신다. "네 이름이 무엇이냐"(창세기 32:27) 야곱은 대답한다. "야곱이니이다" 붙잡는 자, 속이는 자, 자기 힘으로 살아온 자라는 고백이었다. 그러자 하나님은 이렇게 말씀하신다. "네 이름을 다시는 야곱이라 부르지 아니하고 이스라엘이라 부를 것이니"(창세기 32:28) 하나님은 야곱을 적당히 고쳐 쓰지 않으셨다. 이름을 바꾸셨고, 정체성을 바꾸셨고, 인생의 주인을 바꾸셨다.

야곱은 절뚝이며 얍복강을 건넜지만, 더 이상 이전의 야곱이 아니었다. 하나님께 끝까지 매달린 사람, 즉 이스라엘이 되었다.

이 이야기는 먼 과거 성경 속 한 인물의 이야기만은 아니다. 이것은 바로 내 인생 이야기이기도 하다.

나 역시 오랫동안 붙잡는 사람으로 살았다. 사업가로서 짊어져야 할 책임은 무거웠고, 내려야 할 결정은 끝이 없었다. 겉으로 보기에는 내가 주인이었다. 그러나 마음속 깊은 곳에서는 늘 불안했고, 놓으면 무너질 것 같은 두려움 속에 살았다. 입으로는 예수님을 믿는다고 했지만, 실제 삶의 주인은 여전히 나 자신이었다.

그러던 어느 순간, 나에게도 얍복강 같은 밤이 찾아왔다. 더 이상 붙잡을 힘도 계산할 여유도 없는 시간이었다. 그 밤에 하나님은 내게 물으셨다 "네가 주인이냐, 내가 주인이냐." 이 질문 앞에서 나는 처음으로 인정할 수밖에 없었다. 사업가로서의 성공이 문제가 아니라 내가 주인으로 살고 있었던 것이 문제였다는 사실을 말이다.

그날 이후 내 인생의 주인이 바뀌었다. 그때부터 나는 사업가가 아닌 청지기로 살아가기 시작했다. 내 소유가 아니라 맡겨진 것, 내 계획이 아니라 주인의 뜻, 내 성공이 아니라 사람을 살리는 방향을 묻게 되었다. 그리고 바로 그 자리에서 하나님은 나에게 하나의 깃발을 맡기셨다. 바로 줄기세포 창생의학의 깃발이었다.

이 길은 처음부터 내가 선택한 길이 아니었다. 나는 의사도 과학자도 아니었다. 하지만 하나님은 늘 그렇듯 우리가 가장 약하다고 생각하는 자리에서 사명을 드러내신다. 이 일은 내게 사람을 살리는 일로 다가왔다.

의학적으로 가망 없다는 선고를 받은 사람들, 더 이상 희망이 없다고 여겨진 사람들, 스스로 인생이 막다른 골목에 와 있다고 느끼는 사람들을 만날 때마다 얍복강가에서 씨름하던 야곱을 떠올렸다. 하나님은 끝났다고 여겨지는 자리에서 이름을 바꾸시고 인생을 다시 창조하시는 분이기 때문이다.

그래서 이 일은 사업이 아닌 청지기로서 맡겨진 사명이 되었다.

줄기세포 창생의학은 인간의 교만을 드러내는 도구가 아니라 생명의 주인이 하나님이심을 증언하는 깃발이어야 했다.

나는 지금도 완벽하지 않다. 야곱처럼 절뚝이며 걷고 있다. 하지만 분명히 알고 있다. 이 길은 내가 만든 길이 아니라 하나님이 앞서 가고 계신 길이라는 것을.

야곱이 이스라엘이 되었듯, 사업가였던 내가 청지기가 되었듯, 우리의 인생도 하나님을 만나고 간구하면 다시 창조될 수 있다.

오늘 지금 이 순간에도 하나님은 묻고 계신다.

"네 이름이 무엇이냐."

이 질문 앞에서 우리가 야곱으로 머물지 않고 이스라엘로 다시 태어나기를, 그리고 다시 살아나는 생명의 깃발을 함께 들고 걷기를, 하나님은 지금도 기다리고 계신다.

제3부

엔젤줄기세포의 기전과 영성 : 4H

1장
호밍

(Homing, 아픈 부위를 찾아감)

사람이 아프면 우리는 흔히 이렇게 생각한다. "아픈 곳에 약을 발라야 낫는다.", "문제가 있는 부위를 직접 고쳐야 회복된다."라고 말이다. 그래서 줄기세포 치료를 처음 접하는 사람들도 자연스럽게 같은 질문을 한다. "아픈 곳에 직접 넣어야 효과가 있는 것 아닌가요?" 이 질문은 매우 상식적이고 당연하게 들린다. 그러나 줄기세포를 오랫동안 연구하고 실제 환자들의 회복 과정을 가까이에서 지켜본 결과, 나는 다른 결론에 이르게 되었다.

줄기세포 치료에서 가장 중요한 것은 '어디에 넣느냐'가 아니라 '그 세포가 스스로 어디로 가느냐'에 있다. 이 능력을 우리는 호밍(Homing)이라고 부른다. 어려운 말 같지만 뜻은 단순하다. 줄기세포가 '아픈 곳을 스스로 찾아가는 능력'이다.

우리 몸은 생각보다 훨씬 지혜롭다. 어디가 다치거나 망가지면 그 부위는 조용히 참고만 있지 않는다. 몸은 끊임없이 "여기가 힘들다.", "여기가 망가졌다.", "여기에 도움이 필요하다."라고 말한다. 이 말은 소리로 들리지는 않지만 몸속에서는 분명한 신호로 흘러나온다. 이 신호는 혈관을 타고 온몸으로 퍼져나간다. 줄기세포는 바로 이 신호를 감지하는 세포다. 그래서 줄기세포는 눈으로 보지 않아도, 지도가 없어도, 어디가 가장 아픈지 알아내고 찾아갈 수 있다.

줄기세포를 정맥으로 투여하면 세포는 먼저 혈관을 따라 몸 전체를 순환한다. 이때 많은 사람들이 걱정한다. "그럼 세포가 아무 데나 흩어지는 것 아닌가요?" 그러나 실제로는 그렇지 않다. 줄기세포는 아무 데나 가지 않는다. 마치 우리가 연기가 나는 쪽을 보면 "저기 불이 났구나." 하고 자연스럽게 고개를 돌리듯, 줄기세포는 몸속에서 "여기가 가장 위급하다."라는 신호를 보낸 곳을 향해 이동한다. 그리고 그 부위에 도착해 잠시 머물며 회복을 위해 돕는다. 이것이 바로 호밍이다.

이제 왜 정맥 내 투여를 줄기세포 치료의 기본이라고 말하는지 조금씩 이해가 될 것이다. 정맥은 몸 전체를 잇는 길이다. 모든 장기와 모든 조직, 모든 상처는 결국 이 길과 연결되어 있다. 줄기세포를 정맥으로 투여하면 세포는 몸 전체의 상태를 한번에 읽을 수 있고, 어디가 가장 먼저 도움이 필요한지 스스로 판단할 수 있다. 그래서 어떤 부위의 세포 손상 질환이든 기본은 정맥 내 투여다. 다른 방법이 틀렸다는 뜻이 아니다. 몸의 원리를 가장 정직하게 존중하는 출발점이 정맥 내 투여라는 말이다.

줄기세포는 망가진 조직을 대신해서 새 부품처럼 갈아끼우는 세포가 아니다. 줄기세포가 하는 일은 훨씬 더 조용하고 겸손하다. 줄기세포는 주변 세포들에게 이렇게 말한다고 볼 수 있다. "이제 다시 움직여도 된다.", "환경이 조금 나아졌다.","너희가 다시 제 역할을 해도 괜찮다."라고.

즉, 줄기세포는 직접 주인공이 되기보다 다른 세포들이 다시 살아나도록 돕는 조력자다. 그래서 회복은 줄기세포 혼자 이루는 성과가 아니라 몸 전체가 함께 협력하면서 만들어가는 과정이다. 아무리 좋은 세포라도 아픈 곳에 도착하지 못하면 회복은 시작되기 어렵다. 그래서 나는 줄기세포 치료를 평가할 때 '얼마나 많은 세포를 넣었는가'도 중요하지만 '그 세포가 제대로 도착했는가'를 훨씬 더 중요하게 본다. 정맥 내 투여는 이 도착을 가능하게 하는 가장 정직하고 가장 자연스러운 길이다.

이 호밍의 원리를 보면서 자연스럽게 우리 인생을 떠올리게 된다. 사람도 아프면 신호를 보낸다. 말로 하지 않아도 삶과 태도, 표정과 선택 속에서 '도와달라'는 신호가 흘러나온다. 이것이 중요하다. 이 신호를 읽고 예수님이 우리를 찾아오실 때 진정한 회복이 시작된다. 성경을 보면 예수님은 늘 먼저 움직이셨다. 병든 자를 찾아가시고, 외면받은 자 곁에 서시며, 넘어진 자에게 먼저 손을 내미셨다. 줄기세포가 아픈 곳의 신호를 외면하지 않고 그 방향으로 움직이듯, 예수님의 사랑은 상처 입은 인생을 향해 먼저 찾아오신다.

우리 인생이 다시 젊어지고 건강해지기 위해서는 결심만으로는 부족하다. 예수님이 내 인생에 찾아오셔야 한다. 그분이 찾아오실 때 삶은 다시 흐르기 시작하고, 마음은 다시 숨을 쉬며, 몸도 회복의 방향으로 반응한다. 줄기세포의 호밍은 과학의 언어로 설명되지만, 그 안에는 분명한 은혜의 구조가 담겨 있다. 아픈 곳이 신호를 보내면 돕는 존재가 찾아온다. 우리가 완벽해서가 아니라 아프기 때문에 찾아오신다. 이것이 호밍이며, 이것이 복음이다.

나는 지금 어디가 아픈가. 그리고 그 아픔을 혼자 견디고만 있지는 않은가. 나는 예수님이 내 인생에 찾아오시도록 문을 열어두고 있는가. 찾아오심이 바로 시작이다.

부부가 믿음과 감사로
다시 찾은 건강

사람의 몸은 환경에 반응한다. 의학적으로는 미세한 조건의 차이가 결과를 바꾸고, 삶의 언어로 말하면 마음의 방향이 몸의 회복을 돕는 자리가 분명히 존재한다. 이 이야기는 회복이 스스로 찾아오도록 길을 내어준, 믿음과 감사의 환경에 관한 기록이다.

이야기의 시작은 고(故) 하용조 목사님과의 인연으로 거슬러 올라간다. 하용조 목사님은 신부전증으로 오랜 시간 고통을 겪고 계셨는데, 줄기세포로 그분을 섬길 기회가 주어졌다. 그 과정은 단순히 병을 고치는 치료의 시간을 넘어, 병으로 인한 통증 속에서도 사명을 놓지 않으려는 한 목회자를 돕는 섬김의 여정이었다.

그 곁에는 늘 함께 사역하던 목사님이 계셨다. 목사님은 하 목사님의 치료 과정을 가까이에서 지켜보며, 의학적 설명을 초월하는 회복의 신비를 보셨다. 두려움이 아닌 신뢰, 원망이 아닌 감사, 조급함이 아닌 기다림이 몸과 마음에 어떤 변화를 만들어내는지 말이다.

시간이 흘러 그 인연은 자연스럽게 바이오스타줄기세포기술연구원의 기술로 이어졌고, 이번에는 목사님 부부의 이야기로 새로운 장이 열리게 되었다.

목사님은 오랜 시간 몸의 불편과 약함을 안고 살아오셨다. 목회라는 사명은 늘 사람을 향해 있었지만, 정작 자신의 몸은 보살피지 못하고 뒤로 밀려나 있었다. 그러나 치료를 결정하시면서 이렇게 말씀하셨다.

"결과를 요구하지 않겠습니다. 그저 감사로 받겠습니다."

줄기세포를 투여받고 시간이 흐르면서 목사님에게는 기력과 일상의 회복이 나타났고, 사역을 감당할 에너지가 다시 살아났다.

함께 치료를 받으신 사모님의 변화도 분명했다. 오랫동안 걱정했던 골다공증 수치가 개선되었고, 몸의 변화와 함께 마음의 여유를 되찾았다.

얼마 전 한 통의 편지가 도착했다. 사모님의 편지였다. 이 편지는 단순한 경과 보고서가 아닌 회복에 대한 감사의 간증이었다.

라 박사님,

샬롬~, 안녕하세요?

새해 첫 날 감사 목록을 떠올리다가 박사님 생각이 났습니다.

지난 한 해 우리 교회 표어가 'New Story'였는데, 우리 부부에게 New Story 를 만들어주신 분이 바로 박사님이셨기 때문입니다.

목사님이 갑상선암, 위암을 겪고 작년 초에는 담낭마저 제거하면서 저는 남편의 건강을 놓고 기도하기 시작했고, 그 응답으로 라 박사님을 만나게 되었습니다.

박사님의 배려와 사랑으로, 저도 함께 줄기세포를 맞게 해주셔서 정말 너무나 감사한 시간을 보냈습니다.

저는 건강검진 결과 골다공증도 많이 좋아졌습니다. 딸아이 산후구완으로 한 달 반 동안 미국에 다녀왔는데 거뜬히 잘 감당하고 왔습니다.

목사님도 바쁜 목회 일정을 잘 감당하고 건강도 많이 좋아졌습니다.

모든 것이 하나님의 은혜입니다.

올 한 해도 열심히 충성하면서 올해 우리 교회 표어인 '말씀대로' 주어진 길을 열심히 달려가겠습니다.

사모님을 통해 라 박사님의 기도 제목들을 계속 듣고 있습니다. 부족하지만 중보 기도의 끈을 놓지 않겠습니다.

강건하셔서 이 땅에서 박사님께 주신 사명, 치유와 회복의 사명 잘 감당하시기를 소원합니다. 다시 한번 깊이 감사드립니다.

2025. 12.

"내가 여기 있나이다"

…

이삭을 살린 아브라함의 순종

사람의 인생에는 부름이 있다. 그 부름은 미리 예고되지 않는다. 어떤 부름은 조용히 다가오고, 어떤 부름은 급하게, 아주 다급하게 들려온다. 성경에는 하나님이 한 사람의 이름을 두 번 연속으로 부르신 장면이 몇 차례 등장한다. 그중 가장 긴박한 순간이 바로 이 장면이다.

"아브라함아, 아브라함아" (창세기 22:11)

이 부름은 천천히 불러도 되는 부름이 아니었다. 늦어지면 돌이킬 수 없고 주저하면 생명이 사라질 수 있는 것이었다. 하나님은 급하게 부르셨고, 아브라함은 즉시 대답했다. "내가 여기 있나이다" 이 짧은 대답 속에는 평생 쌓아온 순종이 담겨 있었다.

아브라함은 이미 많은 순종을 해온 사람이었다. 본토와 친척, 아비 집을 떠나 갈 바를 알지 못한 채 길을 나섰고, 오랜 기다림 끝에 얻은 아들 이삭을 품에 안았다. 그리고 그 아들을 다시 하나님께 드리라는 부르심 앞에 서 있었다.

이 장면을 읽을 때 우리는 흔히 아브라함의 믿음만을 생각하는데, 이 이야기에는 또 한 사람이 있었다. 바로 이삭이다.

이삭은 아무것도 모른 채 아버지를 따라 산으로 올라간다. 등에 땔감을 지고 불과 칼을 든 아브라함을 보며 조심스럽게 묻는다. "번제할 어린 양은 어디 있나이까"(창세기 22:7) 아브라함이 대답한다. "하나님이 친히 준비하시리라" 이 말은 아들에게 하는 대답이자 아브라함 자신을 향한 고백이기도 했다.

이삭은 침묵으로 순종했다. 성경에는 이삭이 저항했다는 기록이 없다. 그는 도망치지 않았고, 소리치지 않았으며, 아버지의 손에 자신을 맡긴다. 바로 그 순간, 칼이 내려오기 직전의 찰나에 하나님의 급박한 부름이 들린다.

"아브라함아, 아브라함아"

이것이 바로 호밍이다. 하나님은 멀리 계시다가 나중에 개입하신 분이 아니었다. 이미 가까이 계셨고, 순종의 순간을 정확히 보고 계셨으며, 가장 적절한 때에 직접 오셔서 죽음의 칼날을 막으셨다. 아브라함의 순종은 이삭을 살렸고, 하나님의 오심은 생명을 보존했다.

이 사건 이후, 이삭의 삶은 눈에 띄게 달라진다. 이삭은 성경에서 가장 말이 적은 인물 중 한 사람이다. 그는 정복자가 아니었고, 개척자도 아니었으며, 큰 전쟁을 치르지도 않았다. 하지만 그는 묵상의 사람, 온유의 사람으로 살아간다.

이삭은 우물을 파되 다투지 않았고, 빼앗겨도 다시 파며 물러섰다. 끝내 넓은 땅인 르호봇에 이르러서야 말한다. "이제는 여호와께서 우리를 위하여 넓게 하셨으니"(창세기 26:22) 죽음의 문턱에서 다시 살아난 사람의 삶은 이토록 결이 다르다.

이 이야기는 중노년의 삶에도 깊은 울림을 준다. 우리는 이미 많은 시간을 살아왔고, 이미 수많은 선택을 해왔으며, 때로는 돌이킬 수 없는 순간도 지나왔다. 그래서 흔히들 말한다. "이제는 늦었다.", "이제는 바꾸기 어렵다."라고.

하지만 하나님은 여전히 우리를 급하게 부르신다. 그리고 우리가 순종하는 순간에 가까이 오셔서 직접 개입하신다. 아브라함의 순종이 먼저였고, 하나님의 오심이 그 뒤를 이었다.

오늘 우리 삶에도 "아브라함아, 아브라함아"와 같은 부름이 있다. 그 부름 앞에 우리가 "내가 여기 있나이다"라고 대답할 수 있다면, 그 순종 위에 하나님은 여전히 우리 인생에 찾아오신다.

가까이 오셔서 먹이시고 살리시고, 우리 인생을 다시 온유한 길로 이끄신다. 이삭에게 하셨던 것처럼.

2장

호메오스타시스

(Homeostasis, 항상 정상을 유지)

누군가 내게 줄기세포가 우리를 '늙지 않고 아프지 않게' 만드는 데 기여하는 가장 중요한 역할이 무엇이냐고 묻는다면, 나는 망설임 없이 이렇게 말한다. "'항상성'을 되찾게 하는 일, 즉 몸이 스스로 균형을 유지하도록 돕는 일"이라고. 사람들은 흔히 줄기세포를 '망가진 곳을 고치는 세포'로만 생각한다. 하지만 실제로 우리 몸이 늙고 아픈 과정에서 더 근본적인 문제는 '어디 한 군데가 망가졌다'가 아니라 몸 전체의 균형이 무너졌다는 데 있다.

균형이 무너지면 작은 자극도 큰 고통이 되고 회복이 느려지며 염증이 오래 머물고 피로가 쌓여도 풀리지 않고 자율신경과 호르몬과 면역이 서로 엇갈리면서 몸은 점점 '버티는 상태'로 굳어진다. 결국 노화와 질병의 시작은 어느 날 갑자기 생기는 것이 아니라 항상성이 깨진 날부터 시작되는 셈이다.

호메오스타시스(Homeostasis, 항상성)의 뜻은 아주 명료하다. 우리 몸 스스로 '정상적인 상태'를 유지하려는 능력이다. 체온이 올라가면 땀을 흘려 식히고, 체온이 내려가면 몸을 떨며 열을 만든다. 혈당이 올라가면 인슐린이 나와 낮추고, 혈당이 내려가면 다른 호르몬이 올라가 혈당을 올린다. 혈액의 농도를 일정하게 유지하고, 잠이 부족하면 경고를 보내고, 과로하면 휴식을 요구한다. 이런 것들이 모두 항상성이다. 즉, 항상성은 특별한 사람만 누리는 건강 혜택이 아니라 모든 인간에게 주어진 생명의 기본 운영 시스템이다. 그런데 왜 나이가 들수록 더 자주 아프고, 더 쉽게 무너질까? 그것은 바로 몸의 균형을 되돌리는 힘이 약해지기 때문이다.

우리는 매일 흔들리며 산다. 수면 부족, 과도한 스트레스, 잘못된 식습관, 상처받은 마음이 끊임없이 우리를 흔든다. 진정한 건강이란 흔들리지 않는 상태가 아니라 흔들려도 다시 중심으로 돌아오는 능력이다. 그래서 젊고 건강한 몸은 '아무 일이 안 생기는' 몸이 아니라, 일이 생기더라도 '중심으로 돌아오는' 몸이다. 그리고 이 '다시 돌아오는 힘'이 바로 항상성이다.

내가 줄기세포의 가장 중요한 역할로 항상성을 꼽는 이유는 줄기세포는 단지 한 부위를 고치는 데 그치지 않고 몸이 다시 균형을 유지하는 방향으로 움직이도록 신호를 제공하기 때문이다.

그렇다면 줄기세포는 항상성을 어떻게 도울까. 여기에는 과학적 설명이 필요하지만, 굳이 어렵게 말할 필요는 없다. 줄기세포가 하는 가장 중요한 일은 새 살을 만들어 붙이는 것이 아니라 몸의 소란을 잠재우고, '회복이 가능한 상태로 되돌려놓는 것'이다.

몸이 아플 때는 몸속이 시끄럽다. 염증 신호가 과하게 울리고, 면역이 과민해지고, 통증 신경은 예민해진다. 혈관 수축과 수면 장애, 스트레스 호르몬이 상승한다. 결과적으로 우리 몸은 늘 긴장한 채 '전쟁 모드'로 살아간다. 이 전쟁 모드에서는 회복이 제대로 되지 않는다. 왜냐하면 우리 몸은 생존을 최우선으로 하기 때문이다. 줄기세포는 이 전쟁 모드에서 회복 모드로 옮겨놓는 방향으로 작동한다.

이를 조금 더 쉽게 풀면, 줄기세포는 몸안에서 크게 세 가지를 돕는다.

첫째, 염증의 크기를 낮춘다. 염증은 본래 회복을 알리는 신호이지만, 오래 지속되면 회복을 방해한다. 줄기세포는 염증을 완전히 없애는 것이 아니라 몸이 회복 가능한 수준으로 진정시키는 방향으로 도와준다.

둘째, 흐름을 살린다. 혈류가 나쁘면 조직은 산소와 영양을 덜 받게 되고, 노폐물이 쌓이면서 회복이 더뎌진다. 줄기세포가 보내는 신호는 혈관과 미세순환이 회복 쪽으로 움직이도록 환경을 만드는 데 도움을 준다.

셋째, 신경과 면역의 과민함을 낮춘다. 통증이 오래 지속되면 신경은 점점 예민해지고, 작은 자극에도 큰 고통을 느끼게 된다. 이때 몸은 움직임을 줄이게 되고, 움직임이 줄어들면 근육과 심폐 기능이 약해지며, 결국 더 쉽게 지치고 더 쉽게 무너지는 악순환에 빠진다. 줄기세포는 이런 악순환이 줄어들도록 환경을 안정시키는 쪽으로 작동한다.

이 세 가지를 한 문장으로 말하면 이렇다. 줄기세포는 몸이 균형을 회복할 수 있도록 '소란을 줄이고 흐름을 살리며 과민함을 진정시킨다'. 이것이 바로 항상성을 돕는 과학적 핵심이다.

바로 여기에 '늙지 않게 하고 아프지 않게 하는 가장 중요한 역할'이 숨어 있다. 병은 어느 날 갑자기 찾아오지 않는다. 대부분의 병은 오랫동안 균형이 무너진 결과로 나타난다. 혈당이 오랫동안 흔들리면 당뇨가 되고, 혈관이 오랫동안 긴장하면 고혈압이 되고, 염증이 오랫동안 가라앉지 않으면 관절이 망가지고, 수면이 오랫동안 불규칙하면 회복이 무너지고, 스트레스가 오랫동안 지속되면 몸의 모든 시스템이 약해진다.

그러니 이제 근본적인 질문을 해야 한다. "어떻게 하면 병이 오기 전에 균형이 무너지지 않게 할 수 있을까?" 내가 줄기세포를 말할 때 항상성을 강조하는 이유가 바로 여기에 있다. 줄기세포는 우리 몸이 본래 지니고 있던 '균형 회복'을 도와주는 가장 강력한 도구 중 하나이기 때문이다.

이제 이 과학적 언어는 자연스럽게 신앙의 언어와 맞닿게 된다. "나는 포도나무요 너희는 가지라"(요한복음 15:5)라고 하신 예수님의 말씀을, 나는 시간이 갈수록 더 깊이 이해하게 되었다. 가지는 스스로 열매를 맺지 못한다. 가지가 할 수 있는 가장 중요한 일은 단 하나, 포도나무에 단단히 붙어 있는 것이다. 붙어 있으면 수액이 흐르고, 생명이 흐르고, 영양이 흐르고, 결국 열매를 맺는다. 아무리 멀쩡해 보이는 가지도 붙어 있지 않으면 결국 말라버린다.

이 말은 영적인 비유이지만 동시에 생리학적으로도 놀랍도록 닮아 있다. 우리 몸의 세포 역시 '흐름'이 끊기면 마른다. 산소와 영양이 끊기면 기능이 떨어지고, 신호가 끊기면 회복이 멈추며, 관계가 끊기면 균형이 무너진다. 우리가 예수님 안에 거하고 예수님이 우리 안에 거하신다는 말씀은 단순히 마음이 편해진다는 의미를 넘어 존재의 흐름이 다시 연결되는 사건이다. 흐름이 연결되면 균형이 살아나고, 균형이 살아나면 아픔은 줄어들며, 회복력은 커지고, 삶은 다시 안정된다.

예수님이 우리 안에 사시고 우리가 예수님 안에 살면, 즉 포도나무이신 예수님께 단단히 붙어 있는 가지가 되면 영육이 모두 젊고 건강하게 영생한다. 이 말은 단순한 감정적 선언이 아니라 '생명의 운영 원리'에 대한 고백이다. 예수님 안에 거한다는 것은 결국 하나님의 질서 안에 거한다는 뜻이며, 그 안에서는 혼란이 줄고, 과민함이 진정되며, 불균형이 다시 균형으로 돌아오려는 힘이 살아나기 때문이다. 신앙의 언어로 말하면 '평안'이고, 과학의 언어로 말하면 '항상성의 회복'이다. 나는 이 둘이 서로 다른 이야기가 아니라 같은 진실을 다른 언어로 말하고 있다고 느낀다.

그래서 나는 항상성을 '믿음의 열매'라고 부르고 싶다. 믿음은 감정이 흔들리지 않는 상태가 아니라, 흔들려도 다시 돌아오는 상태다. 믿음은 폭풍이 없는 삶이 아니라, 폭풍 속에서도 중심을 잃지 않는 삶이다. 그리고 그 중심이 어디에 있는가. 포도나무이신 예수님께 붙어 있는가에 달려 있다. 붙어 있으면 흐름이 유지되고, 흐름이 유지되면 균형이 유지되며, 균형이 유지되면 회복이 가능해진다. 이것이 내가 이해한 신앙과 항상성의 관계다. 그러므로 항상성을 유지하는 일은 단순한 건강관리 기술을 넘어 하나님과 인간의 관계가 만들어낸 열매이자 붙어 있음의 결과이며, 믿음이 우리 삶에서 드러나는 모양이다.

아름다움과 몸속 균형을 되찾은
배우 황신혜

한 시대를 대표하는 얼굴이 있다. 얼굴을 보면 자연스럽게 그 시절의 공기와 기억이 떠오르는 사람, 배우 황신혜는 그런 존재였다. 화려하지 않아도 눈길을 끌었고, 억지로 꾸미지 않아도 자연스럽게 빛났던 우리 시대 미의 아이콘이었다.

그래서일까? 실제로 그녀를 처음 만났을 때, 솔직히 조금 실망했다. 텔레비전이나 사진 속 모습과 달리, 얼굴은 어딘가 어색했고 인상은 부자연스러웠기 때문이다.

그러나 실망은 오래가지 않았다. 대화를 나누며 우리가 동갑내기라는 사실을 알게 되었고, 그것만으로도 분위기는 훨씬 편안해졌다. 나이가 같다는 것은 삶의 리듬과 고민의 결이 비슷하다는 뜻이기도 하다. 그녀 역시 겉모습보다 몸의 컨디션과 활력에 대한 고민을 하고 있었다.

황신혜 배우는 털어놓았다. "겉으로는 괜찮아 보이는데, 몸 안쪽에서부터 예전 같지 않다는 느낌이 들어요."

이 말은 중노년을 살아가는 많은 사람이 속으로 하고 있는 고백과 닮아 있다. 아프다고 말할 정도는 아니지만 분명히 예전과는 다른 상태, 이것이 바로 항상성이 무너질 때 나타나는 신호이다.

항상성이란 몸이 스스로 균형을 유지하려는 능력이다. 젊을 때는 자연스럽게 유지되던 이 균형이 나이가 들면서 서서히 흔들리기 시작한다. 겉으로는 화려해 보여도, 몸안에서는 이미 피로와 불균형이 쌓여가고 있는 경우가 많다.

황신혜 배우는 얼굴과 정맥 내에 줄기세포 치료를 받게 되었다. 이 선택은 누군가에게 보이기 위한 젊음이 아니라 몸안의 균형을 되찾기 위한 결정이었다.

변화는 서서히 나타났다. 얼굴은 젊었을 때의 자연스러운 인상으로 돌아오기 시작했다. 사람들은 "어려졌다."기보다 "편안해졌다.", "자연스러워졌다."라고 말했다고 한다.

진짜 변화는 겉모습보다 몸 컨디션에서 먼저 나타났다. 아침에 일어나는 느낌이 달라졌고, 하루를 버텨내는 삶이 아니라 하루를 살아내는 삶으로 바뀌었다.

어느 날 황신혜 배우에게서 전화가 왔다. 목소리가 밝고 생기가 넘쳤다.

"박사님, 유럽 여행을 다녀왔는데요. 저보다 훨씬 어린 사람들은 다 피곤해하더라고요. 그런데 저는 멀쩡했어요."

이 말에는 자랑보다는 스스로도 놀란 감정이 담겨 있었다. 단순히 체력이 좋아졌다는 말이 아니라, 몸이 자기 리듬을 되찾았다는 고백이었다.

항상성의 회복은 무언가를 더하는 것이 아니라 불필요한 긴장과 과부하를 내려놓는 과정이다. 몸이 제 속도로 숨쉬고, 제 타이밍에 회복할 수 있게 되는 상태이다.

황신혜 배우의 변화는 '다시 젊어졌다'라는 말로는 충분히 설명되지 않는다. 자연미인으로 돌아온 것이라기보다는 자기 자신으로 돌아온 것에 가깝다.

항상성 스토리는 특별한 사람만의 이야기가 아니다. 우리 모두는 한때 자연스럽게 균형을 이루던 몸을 가지고 있었다. 그 균형은 사라진 것이 아니라 잠시 흐트러져 있을 뿐이다.

황신혜 배우의 회복은 그 사실을 조용히 증명한다. 겉모습의 변화보다 몸안의 리듬이 돌아올 때 삶은 다시 가벼워질 수 있다는 것을 말이다.

항상성은 되돌릴 수 없는 시간을 거스르는 힘이 아니라 지금의 나를 가장 좋은 상태로 유지하게 하는 지혜이다.

사람의 삶에는 균형이 무너지는 순간이 찾아온다. 몸이 약해지고, 병이 찾아오고, 세상은 점점 빠르고 낯설게 변해간다. 젊을 때는 견딜 수 있었던 일들이 나이가 들수록 버겁게 느껴진다. 어느 순간 우리는 "이제는 예전 같지 않다."라고 말하게 된다.

성경 속 요나의 이야기는 그런 균형이 완전히 무너진 자리에서 시작된다. 요나는 하나님의 부르심을 받았지만, 그 부르심이 마음에 들지 않았다. 결국 순종하지 않고 도망쳤으며, 반대 방향으로 향하는 배를 탔다. 그러나 하나님은 요나를 포기하지 않으셨다.

폭풍이 일어 배가 흔들렸고, 요나는 결국 바다에 던져진다. 그리고 거대한 물고기 뱃속으로 들어가게 된다. 사람의 눈으로 보면 이는 완전한 실패의 자리다. 어둡고, 답답하며 숨 막히는 곳, 더 이상 내려갈 수 없는 인생의 바닥 같은 자리인 것이다.

그러나 성경은 말한다. 그곳에서도 하나님은 요나와 함께 계셨다고. 요나는 위기에 처해 있었지만 동시에 하나님 은혜 안에 머물고 있었다. 하나님은 물고기가 그를 삼키게 하셨지만, 소화되게 하지는 않으셨다. 그것이 바로 은혜다.

놀라운 것은 그다음이다. 요나는 물고기 뱃속에서 불평하거나 원망하지 않는다. 대신 기도한다. 절망의 기도가 아닌 감사의 기도다. 요나는 이렇게 기도한다.

"이르되 내가 받는 고난으로 말미암아 여호와께 불러 아뢰었더니 주께서 내게 대답하셨고 내가 스올의 뱃속에서 부르짖었더니 주께서 내 음성을 들으셨나이다"(요나 2:2)

"내가 말하기를 내가 주의 목전에서 쫓겨났을지라도 다시 주의 성전을 바라보겠다 하였나이다"(요나 2:4)

"나는 감사하는 목소리로 주께 제사를 드리며 나의 서원을 주께 갚겠나이다 구원은 여호와께 속하였나이다 하니라"(요나 2:9)

이 기도는 환경을 바꾸어 달라는 간구가 아니다. 관점을 바꾸는 기도다. 요나는 여전히 물고기 뱃속에 있었고, 상황은 변하지 않았다. 그러나 그의 마음은 이미 하나님의 은혜 안으로 돌아와 있었다.

이것이 바로 항상성이다. 환경이 흔들려도, 몸이 약해져도, 세상이 불안해도, 하나님의 은혜 안에 있으면 마음의 중심은 무너지지 않는다. 요나는 물고기 뱃속이라는 가장 비정상적인 환경 속에서도 하나님의 은혜 안에서 영적인 균형을 회복한 것이다.

중노년의 삶도 이와 닮아 있다. 우리는 늙어가고, 병을 만나고, 세상은 점점 우리에게 불리한 방향으로 흘러간다. 그러나 중요한 것은 환경이 아니라 지금 어디 안에 있느냐이다.

요나는 물고기 뱃속에 갇혀 있었지만 하나님의 은혜 안에 있었다. 그렇기에 그곳에서도 감사할 수 있었다. 감사는 상황이 좋아서가 아니라 하나님의 은혜 안에 있을 때 자연스럽게 흘러나오는 고백이다.

하나님은 요나의 기도를 들으셨고, 정확한 때에 물고기에게 명령하여 요나를 육지에 토해내게 하셨다. 하나님은 이미 길을 준비하고 계셨고, 요나는 그 은혜를 먼저 바라보았을 뿐이다.

오늘 우리 역시 각자의 물고기 뱃속과 같은 현실에 처해 있을 수 있다. 그러나 기억해야 한다. 그 자리 또한 하나님의 은혜 바깥은 아니라는 사실을 말이다.

늙고 병든 세상 환경을 넘어 우리의 중심을 다시 하나님의 은혜 안에 두면 물고기 뱃속에 갇히는 상황에서도 감사할 수 있다. 그리고 그 감사는 우리를 다시 안전한 육지로 이끄는 가장 깊고 강력한 기도가 된다.

오늘 이 순간 이렇게 기도할 수 있다면 그것으로 충분하다.

"주님, 지금 이 자리에서도 주의 은혜 안에 있음을 감사합니다. 구원은 여호와께 속하였나이다."

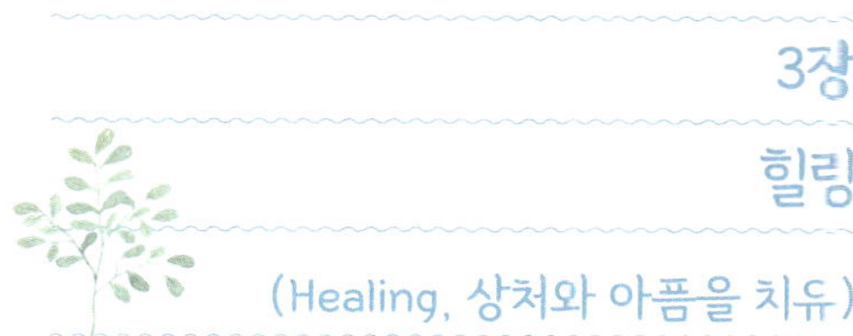

사람은 아프지 않을 때 치유를 깊이 생각하지 않는다. 통증이 사라지면 그것으로 충분하다고 느끼고, 증상이 완화되면 회복이 끝난 것처럼 여기기도 한다. 하지만 인생을 조금 더 살아본 사람이라면, 그리고 오랜 시간 몸의 변화를 지켜본 사람이라면 치유가 단순히 아픔이 사라지는 사건이 아니라는 사실을 깨닫게 된다.

통증이 줄었는데도 삶은 여전히 불편하고, 검사 결과는 좋아졌는데 몸은 여전히 무겁고, 상처는 아문 듯한데 다시 건드리면 더 아파지는 경험을 우리는 반복한다. 그래서 나는 이 장에서 치유를 다시 정의하고 싶다. 치유란 상처가 사라지는 것이 아니라, 상처가 더 이상 삶을 지배하지 못하도록 온전한 질서 안으로 들어오는 과정이라고.

줄기세포가 보여주는 힐링(Healing)의 작용은 바로 이 지점에서 우리에게 중요한 통찰을 준다. 과학적으로 볼 때 줄기세포의 힐링은 조금 좋아지거나 일시적으로 편해지는 수준이 아니다. 그것은 몹쓸 조직이 사라지고 난 자리에 젊고 건강한 새 살이 돋아나 조직 전체가 다시 제 역할을 하도록 완성하는 과정이다. 이 과정은 느리고 조용하지만 한번 시작되면 방향은 분명하다.

상처가 생겼을 때 우리 몸이 가장 먼저 하는 일은 상처를 덮는 것이다. 피를 멈추고, 염증을 일으키며 임시 보호막을 만든다. 문제는 그다음이다. 상처가 충분히 치유의 단계로 넘어가지 못하면, 그 자리는 점점 딱딱해지고 혈류가 줄어들며 신경과 면역의 소통이 끊긴 채 굳어버린다. 이렇게 굳어진 조직은 단순히 약해진 조직이 아니라 회복을 방해하는 조직, 다시 말해 몹쓸 조직이 된다. 흉터가 딱딱해지는 이유, 화상 자국이 정상 피부로 돌아오지 못하는 이유, 당뇨 발이 썩어 들어가는 이유가 모두 여기에 있다.

줄기세포의 힐링 작용은 바로 이 지점에서 시작된다. 줄기세포는 상처 난 자리에 도착하자마자 새 살을 만들어 붙이지 않는다. 먼저 그 자리를 살피고 무엇이 회복을 방해하고 있는지 조용히 정리하기 시작한다. 과도한 염증을 진정시키고, 막힌 혈류가 다시 흐를 수 있는 환경을 만들며 딱딱하게 굳어 회복을 방해하고 있던 조직의 구조를 서서히 풀어준다. 이 과정에서 몹쓸 조직은 점차 줄어들게 되고, 우리 몸은 그 자리를 다시 살릴 수 있는 공간으로 인식하기 시작한다.

힐링이 일어나기 위해 가장 중요한 조건 중 하나는 혈류다. 피가 흐르지 않으면 산소와 영양이 도달하지 못하고 노폐물은 쌓이며 아무리 좋은 세포라도 살아남기 어렵다. 줄기세포가 보내는 신호는 혈관과 미세순환이 회복 쪽으로 움직이도록 돕고 조직이 다시 숨쉴 수 있는 길을 연다. 실제로 줄기세포 치료 후에 화상 흉터가 점점 부드러워지고 동상으로 퉁퉁 부었던 발의 부기와 색이 서서히 정상으로 돌아오며, 차갑고 감각 없던 조직에 따뜻함이 되살아나는 모습을 보게 된다.

줄기세포 힐링의 가장 중요한 특징은 이전보다 조금 나아진 상태에서 멈추지 않고, 조직이 다시 정상 구조를 갖추는 방향으로 나아간다는 점이다. 이것이 바로 우리가 지향하는 완전한 힐링이다.

나는 줄기세포 치료를 통해 당뇨 합병증으로 썩어 들어가던 발이 치유되는 장면도 목격했다. 당뇨 발은 혈관이 막히고, 신경이 망가지며, 면역이 무너진 상태로 오랫동안 힐링이 불가능한 질환으로 여겨져 왔다. 그러나 줄기세포 치료 후 혈관이 다시 열리고, 염증이 가라앉으며, 조직에 산소와 영양이 공급되기 시작하면 금은 다시 회복의 방향으로 움직인다. 썩은 조직은 제거되고, 그 자리에 정상적인 피부와 근육, 혈관과 신경이 서서히 자라난다. 이것은 부분적인 회복이 아니라 조직의 재탄생이다.

이 힐링의 원리는 체외 조직에만 머물지 않고 체내 조직에서도 동일하게 일어난다. 손상된 혈관이 회복되고, 딱딱해진 장기가 부드러워지며, 기능을 잃었던 조직이 다시 자기 역할을 수행하기 시작한다. 몸은 하나의 생명으로 연결되어 있기 때문에, 한 부위의 힐링은 다른 부위의 회복으로 이어진다. 더 나아가 이 과정이 정신과 마음의 회복으로도 이어지는 것을 목격한다.

오래 아픈 사람은 몸만 아픈 것이 아니다. 불안해지고, 두려워지고, 미래를 포기하게 된다. 그런데 몸의 염증과 고장이 줄어들고 회복의 방향이 분명해지면, 뇌와 신경계의 과민함도 가라앉고 마음은 다시 안정을 찾는다. 많은 환자가 몸이 좋아지니 마음도 다시 살아나는 것 같다고 말하는 이유가 여기에 있다. 줄기세포 힐링은 몸과 마음을 분리해서 고치지 않는다. 전인을 하나의 생명으로 회복시키는 방향으로 작동한다.

이 지점에서 우리는 성경 속 예수님의 힐링을 떠올리게 된다.

〈마가복음〉에는 군대 귀신에 들려 무덤 사이에서 살며 자기 몸을 해치던 사람이 등장한다. 사람들은 그를 묶어두었고 포기했으며 사회에서 격리시켰다. 그러나 성경에서는 그가 예수님을 만난 후, 옷을 입고 제정신으로 앉아 있었다고 기록한다.

예수님의 힐링은 언제나 전인적이었다. 눈먼 자의 눈을 뜨게 하시고, 중풍병자를 걷게 하시며, 혈루증 여인을 고치셨지만, 그분의 말씀은 늘 그 사람의 삶 전체를 향해 있었다. "네 믿음이 너를 구원하였다", "이제 평안히 가라", "다시는 죄를 짓지 말라" 같은 말씀들은 단지 증상이 사라졌다는 선언이 아니라, 존재 전체가 다시 세워졌다는 선포였다. 예수님은 증상만 고치는 분이 아니라 사람을 고치신다. 몸만 고치는 분이 아니라 마음과 영혼을 함께 회복시키신다.

줄기세포의 힐링을 연구하며 나는 결국 이 고백 앞에 서게 된다. 줄기세포의 힐링이 몹쓸 조직을 제거하고 젊은 새 살이 자라게 하는 과정이라면, 예수님의 힐링은 무너진 존재 전체를 본래의 자리로 되돌리는 사건이다. 예수님이야말로 진정한 힐링의 근원이며, 인류의 모든 문제를 치유하는 참된 의사이시다. 줄기세포는 우리 몸의 힐링을 돕는 위대한 도구이지만, 그 도구를 통해 완전한 온전함으로 이끄시는 분은 예수님이다.

단지 아프지 않다고 해서 힐링되었다고 말할 수는 없다. 통증이 사라졌다고 치유가 완성된 것은 아니며, 증상이 가라앉았다고 노화가 멈춘 것도 아니다. 아픔은 사라졌지만 회복력은 살아나지 않았고, 상처는 덮였지만 조직의 질서가 여전히 무너져 있다면, 그것은 진정한 힐링이 아니라 잠시 늦춰진 붕괴일 뿐이다.

온전히 힐링되지 않으면 인간은 반드시 늙는다. 노화는 고통으로 시작되지 않는다. 몸과 마음, 영혼이 본래의 자리로 돌아올 힘을 잃을 때 노화는 시작된다. 그래서 힐링의 기준은 '덜 아프다'가 아니라 '다시 살아남'에 두어야 한다. 그때 비로소 노화는 멈추고, 생명은 다시 앞으로 나아간다.

줄기세포의 힐링은 이 회복의 구조를 되살리는 도구이며, 예수님의 힐링은 존재 전체를 다시 살리는 완성이다.

심각한 암 방사선 치료 부작용을 이겨낸
90대 작은 거인

인생에는 몇 번의 큰 고비가 찾아온다. 그 고비 앞에서 어떤 이는 주저앉고, 어떤 이는 조용히 다시 일어선다. 김명만 회장은 후자에 속하는 사람이다. 사람들은 그를 '오뚝이 같은 사람'이라고 말한다.

김명만 회장은 평생을 성실하게 살아왔다. 자신을 드러내지 않았고, 남들 앞에서 쉽게 약함을 보이지도 않았다. 그러나 인생의 말년, 누구도 예상치 못한 시련이 찾아왔다. 바로 대장암이었다.

암이라는 진단은 나이가 들수록 더 무겁게 다가온다. 김 회장은 치료의 길을 선택했고, 방사선 치료를 받게 되었다. 치료 과정은 순탄하지 않았다. 방사선 치료의 심각한 부작용으로 장이 천공되었고, 그로 인해 출혈이 멈추지 않는 위급한 상태에 이르렀다.

의료진도 난감해했다. 이미 할 수 있는 조치는 대부분 시도했고, 추가 수술이나 치료는 오히려 더 큰 위험을 동반하는 상황이었다. 의학적으로 뚜렷한 대책이 없는 상태였다.

그때 김명만 회장은 바이오스타줄기세포기술연구원의 엔젤줄기세포 체험을 선택했다. 이 선택은 막연한 기적을 기대한 결정이라기보다 현재 상태에서 할 수 있는 최선을 찾은 선택이었다.

치료는 정맥 내 투여 방식으로 시작되었다. 한 번으로 끝나는 과정이 아니었다. 한 달 간격으로 반복 투여가 이루어졌고, 조급하지 않게 몸의 반응을 살피며 진행되었다.

처음에는 큰 변화가 느껴지지 않았다. 하지만 시간이 흐르면서 조금씩 몸의 신호가 달라지기 시작했다. 출혈 빈도가 줄어들었고, 복부 통증도 서서히 완화되었다. 그리고 몇 달 후, 검사 결과는 모두를 놀라게 했다. 뚫려 있던 장 조직이 완전히 치유된 것이다.

이것은 단순한 증상의 완화가 아니었다. 손상되었던 조직이 스스로 회복의 방향으로 움직였음을 의미했다. 김명만 회장은 다시 음식을 섭취할 수 있게 되었고 일상의 리듬을 되찾기 시작했다.

이후에도 김 회장은 줄기세포 체험을 멈추지 않았다. 치료가 끝났기 때문이 아니라 회복을 유지하는 길을 선택했기 때문이다. 시간이 흘러 90세를 훌쩍 넘긴 그는 지금도 여전히 줄기세포 체험을 이어가고 있다. 포기하지 않는 태도, 자기 몸을 끝까지 돌보는 태도, 끝까지 살아내겠다는 의지가 그를 여기까지 이끌었다.

김 회장의 회복은 의학적 결과라고만 단정할 수 없다. 그의 삶의 태도가 만들어낸 여정이라고 할 수 있다. 그래서 사람들은 그를 '쓰러지지 않는 작은 거인'이라고도 부른다.

이 힐링 스토리는 완벽한 치유를 약속하지는 않는다. 그러나 분명한 사실은 쓰러졌다고 허서 그것이 끝을 의미하지는 않는다는 점이다. 다시 일어설 수 있는 길은 언제나 남아 있다.

90세를 넘긴 나이에도
치료 체험을 상세하게 소개하는
김명만 회장 ▼

| 줄기세포 체험을 소개하는 김명만 회장(왼쪽)

교통사고 후 뇌 손상 10년,
만성통증 개선과 잃었던 시력을 되찾은 청년

강수 군은 2015년 초등학교 6학년이던 때, 하굣길에 버스와 충돌하는 큰 교통사고를 당해 외상성 뇌손상(TBI, Traumatic Brain Injury)을 입었다. 사고로 머리를 심하게 다친 후유증으로 시력을 잃게 되었고, 이후의 삶은 통증과 불편함의 연속이었다.

사고 이후 강수 군의 가족은 재활병원과 한방병원을 포함해 13곳이 넘는 의료기관을 다니며 가능한 모든 치료를 시도했다. 그러나 기대했던 만큼의 회복은 이루어지지 않았고, 시간이 흐를수록 현실적인 한계에 부딪히게 되었다. 결국 2021년 12월, 병원 치료로는 더 이상 희망을 찾기 어렵다는 판단 하에 퇴원하였고, 이후에는 가정에서 재활치료만을 이어갔다.

그러던 중 바이오스타줄기세포기술연구원의 엔젤줄기세포 치료에 대한 추천을 받았고, 가족은 이를 마지막 희망이라 생각하며 치료를 시작했다. 충청도에 거주하고 있어 일본행 비행기를 타려면 늘 새벽부터 움직여야 하는 어려움이 있었지만 줄기세포 치료에 대한 희망만은 놓지 않았다. 일본 긴자클리닉을 방문하여 2025년 4월 9일, 세 번째 엔젤줄기세포 시술을 받았다. 1차, 2차 시술과 동일하게 정맥과 척수강 내 투여 방식으로 진행되었다.

시술 후 귀국해서 충분한 휴식을 취한 지 사흘째 되던 날, 강수 군은 어머니에게 조심스럽게 말을 건넸다.

"엄마, 눈이 더 선명하게 보여요."

강수 군의 말에 따르면, 이전보다 사물이 선명하게 보이는 시간이 더 자주, 더 오래 느껴졌고, 일상생활에 불편을 주던 시각적 잔상도 흐릿해졌다고 했다. 또한 늘 차갑게 느껴지던 다리와 몸 전체가 따뜻해진 느낌이 든다고 이야기했다. 특히 전신의 통증이 현저히 줄어들어 이전보다 훨씬 편안하고 즐겁게 생활할 수 있게 되었다고 전했다.

그 말을 듣는 순간, 어머니는 말로 다 표현할 수 없는 깊은 기쁨을 느꼈다고 한다. 그리고 이 기적 같은 변화가 앞으로도 아주 천천히라도 계속 이어지기를 믿고 있다고 했다.

줄기세포 투여를 위해 부모님과 함께 일본으로 향하는 모습

예수님은 흉터가 남지 않는 온전한 힐링을 주시는 분이다. 〈요한복음〉에는 날 때부터 앞을 보지 못하던 한 사람이 등장한다. 그는 평생 어둠 속에서 살았다. 누군가의 얼굴을 본 적도, 빛이 어떤 모습인지도 알지 못한 채, 타인의 도움을 받으며 살고 있었다. 사람들은 그의 인생을 “저 사람은 원래 그런 사람이다.”라고 이미 규정해두었다. 하지만 예수님은 그를 그렇게 보지 않으셨다.

예수님은 그에게 긴 설명이나 이유를 묻지 않으셨다. 대신 매우 독특한 행동을 하신다. 땅에 침을 뱉어 진흙을 이겨 그의 눈에 바르신 것이다. 그리고 한 가지 명령을 내리신다.

“실로암 못에 가서 씻으라”(요한복음 9:7)

예수님은 멀리서 명령만 하시지 않고 직접 사람의 아픔에 손을 대셨다. 흙과 침이라는 평범한 재료를 사용하신 것은 치유가 특별한 자격을 가진 사람에게만 주어지는 것이 아님을 보여준다. 예수님의 사랑은 언제나 가까이에서 시작된다.

그 사람은 아직 앞을 보지 못하는 상태로 실로암 연못까지 가야 했다. 길을 가는 동안 그는 여전히 어둠 속에 있었고, 아무 변화도 느끼지 못했을 것이다. 그러나 그는 예수님의 말씀을 믿고 움직였다. 그리고 물에 씻는 순간, 완전한 힐링이 이루어졌다. 비로소 보게 되었고, 동시에 이전과는 전혀 다른 새로운 삶을 살게 되었다.

이 장면을 떠올릴 때마다 자주 부르는 찬양 '실로암'이 마음에 울림으로 다가온다.

"오 주여 당신께 감사하리라. 실로암 내게 주심을
나에게 영원한 사랑 속에서 떠나지 않게 하소서."

이 짧은 고백은 실로암 사건의 핵심을 그대로 담고 있다. 치유는 눈이 열리는 사건이었지만 그보다 더 큰 변화는 주님을 만난 사건이었다. 예수님을 만난 후 그는 더 이상 구걸하는 맹인이 아니었고, 자신의 삶을 숨길 이유도 사라졌다.

이 고백은 중노년의 삶에 더욱 깊은 울림으로 다가온다. 우리는 이미 긴 시간을 살아왔고, 많은 상처와 후회를 안고 있다. 그래서 완전한 회복보다는 적당한 타협에 익숙해지곤 한다. 그러나 찬양은 말한다. 힐링의 시작은 환경의 변화가 아니라 바로 예수님과의 만남이라고 말이다.

실로암에서 눈을 씻은 맹인은 다시 어둠으로 돌아가지 않았다. 그는 예수님을 증언하는 사람으로 새로운 인생을 살기 시작했다.

우리에게도 실로암은 열려 있다. 실로암은 특정한 장소가 아니라 예수님께 나아가는 믿음의 자리라고 할 수 있다. 그 자리에서 우리는 씻기고, 회복되며, 다시 걸어갈 힘을 얻는다. 늙고 병든 세상 환경을 넘어 예수님의 사랑 안으로 들어갈 때, 우리의 삶에도 완전한 힐링이 시작된다.

완전한 힐링은 기술로 이루어지지 않는다. 조건으로 주어지는 것도 아니다. 완전한 힐링은 예수님을 만날 때 비로소 이루어진다.

오늘도 예수님은 우리에게 말씀하신다.

"실로암 못에 가서 씻으라."

그 말씀에 순종하여 예수님을 만나는 사람에게 그 사랑은 흉터 없이, 조용히, 그러나 분명하게 새 인생을 열어주신다.

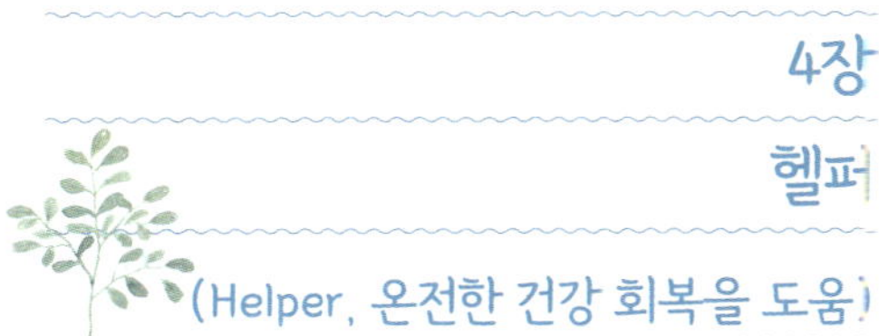

줄기세포를 연구하고 임상 현장에서 수많은 회복의 과정을 지켜보며, 나는 한 가지 분명한 결론에 이르게 되었다. 그것은 바로 줄기세포가 결코 주인공이 아니라는 사실이다. 줄기세포는 언제나 돕는 자리에 서 있다. 조용히 환경을 만들고, 회복이 가능하도록 조건을 정돈하며, 다른 세포들이 다시 자기 일을 할 수 있도록 길을 열어준다. 그래서 나는 줄기세포를 생각할 때마다 그 존재가 마치 천사와 닮아 있다는 느낌을 지울 수 없다. 앞에 나서지 않고 자신을 증명하지 않으며 일을 마치면 흔적 없이 물러나는 존재, 이것이 줄기세포의 본질이다.

줄기세포는 새 살을 억지로 만들어 붙이지 않는다. 줄기세포는 몸안에서 회복이 일어날 수 있는 환경을 만든다. 이것이 줄기세포의 가장 중요한 역할이다. 몸이 아플 때 우리 몸속은 매우 시끄럽다. 염증 신호가 과도하게 울리고, 면역계는 예민해지며, 통증 신경은 작은 자극에도 크게 반응하고, 혈관은 수축하고, 수면은 깨지고, 스트레스 호르몬은 높아진다. 이것이 줄기세포의 헬퍼(Helper) 기전의 시작이다.

앞에서도 언급했듯이, 줄기세포는 몸안에서 다음 세 가지 큰 역할을 한다.

첫째, 염증의 크기를 낮춘다. 줄기세포는 염증을 완전히 없애는 것이 아니라 몸이 회복 가능한 수준으로 진정시키는 방향으로 도와준다.

둘째, 흐름을 살린다. 줄기세포가 보내는 신호는 혈관과 미세순환이 회복 쪽으로 움직이도록 환경을 만드는 데 도움을 준다.

셋째, 신경과 면역의 과민함을 낮춘다. 몸에 통증과 스트레스가 오래 지속되면 신경계와 면역계는 점점 예민해져 작은 자극에도 크게 흔들린다. 줄기세포는 이런 과민 반응이 줄어들도록 몸의 반응성을 낮추는 방향으로 돕는다.

여기서 반드시 짚고 넘어가야 할 중요한 진실이 있다. 줄기세포가 아무리 훌륭한 도우미라 해도 우리 몸이 늙지 않고 아프지 않으려면 결국 내가 살아가는 방식이 바뀌어야 한다는 점이다. 줄기세포는 환경을 만들어줄 뿐, 그 환경 위에서 어떤 삶을 살 것인지는 내가 선택해야 한다.

생활습관을 바꾸고, 식생활을 청결하게 유지하며, 깨끗한 공기를 마시고, 몸을 움직이고, 충분히 쉬고, 분노와 욕심을 줄이고 관계를 회복하려는 노력은 결국 내가 해야 할 몫이다. 줄기세포는 이 선택이 효과를 낼 수 있도록 돕는 존재일 뿐, 그 선택을 대신해 주지는 않는다.

나는 여기서 또 하나의 현실을 인정하지 않을 수 없었다. 우리는 끝까지 잘하지 못한다는 사실이다. 아무리 결단해도, 아무리 다짐해도, 어느 순간 다시 무너진다. 왜냐하면 이 세상은 본질적으로 깨끗하지 않기 때문이다. 공기는 오염되어 있고, 음식은 완벽하지 않으며, 관계는 늘 상처를 남기고, 뉴스와 정보는 끊임없이 불안을 쏟아낸다. 무엇보다 우리는 죄와 악, 근심과 걱정, 슬픔에서 완전히 도망칠 수 없다. 거부할 수 없는 인간 삶의 조건이다.

성경은 이러한 현실을 매우 정확하게 표현한다. "심령의 근심은 뼈를 마르게 하느니라"(잠언 17:22)라는 말씀은 현대 의학적으로도 매우 타당한 통찰이다. 실제로 근심과 걱정은 몸의 회복력을 고갈시키고 면역력을 약화시키며, 줄기세포가 일할 수 있는 환경을 황폐하게 만든다. 나는 점점 더 분명히 깨닫게 되었다. 인간의 노력만으로는 완전한 회복에 도달할 수 없다는 사실을.

완전한 회복의 유일한 해결책은 예수님이 사랑으로 보내신 성령님을 영접하는 것, 곧 성령 충만이다. 성령님은 우리 대신 살아 주지 않으신다. 하지만 우리가 감당할 수 없는 짐을 함께 지신다. 우리가 스스로 벗어날 수 없는 근심과 걱정을 평안으로 바꾸시고, 인간의 힘으로는 끊을 수 없는 악순환을 은혜로 끊으신다. 성령 충만은 흥분이나 감정의 고조가 아니라 존재 전체가 안정과 질서 안으로 들어가는 사건이다.

예수님은 성령님을 보혜사, 곧 헬퍼, 돕는 분으로 소개하셨다. 이 표현은 우연이 아니다. 줄기세포가 몸안에서 회복을 돕는 존재 라면, 성령님은 삶 전체를 돕는 존재다. 줄기세포는 회복의 환경 을 만들고, 성령님은 그 회복이 지속될 수 있는 마음과 영의 질서 를 만드신다.

줄기세포가 하나님의 선물이듯 우리가 하나님께로 돌아가면 성 령을 선물로 주신다. 의학을 사용하되 의학을 우상으로 만들지 말 며, 성령님의 도우심을 구하며 겸손히 살아가자.

줄기세포 창생의학의 완성은 기술의 완성이 아니라 성령의 능 력과 지혜를 구하며 연구하고 기도하는 의학이다. 과학은 하나님 의 창조 질서를 발견하는 도구이고, 기도는 그 질서를 올바르게 사용하는 길이다.

줄기세포는 우리 몸을 돕는 천사와 같고, 성령님은 우리 인생을 끝까지 돕는 참된 헬퍼이시다. 우리가 젊고 건강하게 오래 살아가

길 원한다면, 몸의 회복과 함께 영의 충만을 구해야 한다. 이제 우리는 다시 하나님께로 돌아가야 한다.

성령의 도우심으로 마지막까지 사명을 지킨
성령의 사람

사람의 인생에는 스스로 정리해야 할 것 같다고 느끼는 시간이 찾아온다. 몸이 말을 듣지 않고, 마음은 그렇지 않은데 하루하루가 버겁고 쉽게 지칠 때, 우리는 조용히 인생의 끝을 생각한다. 고 ㈜ 조용기 목사님에게도 그런 시간이 찾아왔다.

조용기 목사님은 한국 교회사에서 빼놓을 수 없는 인물이다. 수많은 설교와 기도, 선교와 구제를 통해 한 시대의 신앙을 이끌어 온 목회자였다. 하지만 그 위대한 사역의 이면에는 오랜 육체적 고통이 함께하고 있었다.

파킨슨병은 서서히, 그러나 분명하게 목사님의 몸을 약하게 만들었다. 손 떨림, 움직임의 둔화, 어투의 변화는 일상뿐 아니라 사역의 자리에서도 큰 부담이 되었다. 목사님은 결국 '이제는 인생을 정리해야 할 때인가'라는 생각까지 하셨다고 한다.

바로 그 무렵, 줄기세포와의 만남이 이루어졌다. 조 목사님은 줄기세포 체험을 시작했고, 그 변화는 주변 사람들이 눈치챌 정도로 분명하게 나타났다. 파킨슨병 증상은 눈에 띄게 호전되었고 몸의 움직임과 컨디션은 거의 정상에 가깝게 회복되었다.

이 회복은 단순히 의학적 기술의 결과로만 설명하기에는 그 깊이가 깊고 지속성이 강했다. 줄기세포는 회복을 위한 하나의 트리거(Trigger, 방아쇠)였을 뿐, 그 문을 지나 회복을 완성하신 것은 결국 성령의 도우심이었다.

목사님의 회복에는 항상 기도가 함께했다. 불안보다는 맡김이, 조급함보다는 신뢰가 자리하고 있었다. 성령의 열매가 몸과 마음의 회복 과정 속에서 자연스럽게 드러났다. 그 증거 중 하나가 바로 《고맙다 줄기세포》 출판기념회였다. 그 자리에서 조용기 목사님은 축하 메시지와 함께 자신의 체험을 들려주셨다. 지금 다시 보아도 그 영상은 많은 사람의 마음을 울리고 있다.

돌이켜보면 하나님은 조용기 목사님을 통해 단지 한 사람의 병

| 파킨슨병에서 회복되었던 조용기 목사

《고맙다 줄기세포》 출판기념회에서 회복 체험을 전하는 모습 ▼

을 고치신 것이 아니라 성령님이 어떤 분이신지를 다시 보게 하셨다. 헬퍼, 돕는 분, 끝까지 함께하시는 분이심을 말이다.

조용기 목사님의 기적 같은 회복을 목도하며 이렇게 기도하게 되었다. "주님, 이제는 성령으로 살게 해주십시오." 이 기도는 내 삶의 방향을 바꾸는 기도가 되었다.

조 목사님은 2021년에 돌아가셨지만, 이후 나는 선교사가 되어 순복음 일본 선교와 구제 사역을 감당하고 있다. 이 길 역시 내 힘으로 선택한 길이 아니라 성령님의 도우심에 이끌린 길이었다.

"인자가 하나님 우편에 서신 것을 보노라"

...

성령의 충만자, 스데반

사람의 인생에는 혼자 힘으로는 감당하기 어려운 순간이 찾아온다. 말이 막히고, 마음이 흔들리며, 억울함이 가슴 깊이 차오르지만 어떻게 반응해야 할지 알 수 없는 때다. 나이가 들수록 우리는 자연스럽게 깨닫게 된다. 삶에는 나 혼자의 능력으로는 지나갈 수 없는 지점이 있다는 사실을 말이다.

초기 기독교 역사에 등장하는 스데반은 바로 그 지점을 지나간 사람이다. 성경은 스데반을 "믿음과 성령이 충만한 사람"(사도행전 6:5)이라고 기록하고 있다. 이를 영성의 언어로 풀어보면, 그는 감정에 휘둘리지 않았고, 상황 때문에 자신을 잃지 않았으며, 삶의 중심이 흔들릴 때마다 다시 제자리를 찾을 줄 아는 사람이라는 뜻이다. 그는 늘 도움을 받으며 사는 사람이었고, 그 도움을 부끄러워하지 않았다.

스데반은 사람들을 섬기는 일을 맡았다. 눈에 띄는 자리는 아니었지만 그가 있는 곳에는 이상하게 생기가 돌았다. 이는 그가 특별한 능력을 가져서가 아니라 삶이 정직했고 태도가 안정되어 있었기 때문이다. 사람은 중심이 바로 서 있을 때 자연스럽게 다른 사람을 살리는 존재가 된다.

하지만 진실하게 사는 사람은 종종 오해를 받기도 한다. 스데반 역시 그랬다. 그는 숨김없이 진실을 말했고, 그 말은 어떤 사람들을 불편하게 했다. 결국 그는 거센 분노와 폭력 앞에 마주 서게 된다.

스데반은 생의 마지막 순간에 "보라 하늘이 열리고 인자가 하나님 우편에 서신 것을 보노라"(사도행전 7:56)라고 했다. 영성의 언어로 말하면, 그는 눈앞의 현실을 넘어서는 관점을 얻은 것이다. 지금의 고통이 전부가 아니라는 사실, 그리고 삶에는 여전히 신뢰할 수 있는 방향이 있다는 사실을 그는 놓치지 않았다.

나아가 그의 마지막 말은 더욱 깊은 여운을 남긴다. 그는 자신을 죽음으로 몰아넣는 사람들을 향해 "주여 이 죄를 그들에게 돌리지 마옵소서"(사도행전 7:59)라고 기도한다.

용서는 상대를 위한 행동처럼 보이지만, 사실은 자기 영혼을 지키는 가장 깊은 태도이다. 스데반은 생의 마지막 순간까지 분노하지 않았고, 자기 삶의 방향을 잃지 않았으며, 믿음의 자리를 끝까지 지켰다.

이 지점에서 우리는 '성령의 도우심'을 조금 다르게 이해할 수 있다. 그것은 어떤 특별한 능력을 부여하는 힘이라기보다 사람이 끝까지 믿음의 중심을 지키도록 돕는 조용한 동행이다. 말이 막힐 때 침묵할 수 있게 하고, 분노가 치밀 때 시선을 바꾸게 하며, 상처 속에서도 믿음을 놓지 않도록 붙들어주는 도움이다.

중노년의 삶에서 이 이야기는 더욱 깊이 스며든다. 우리는 이미 많은 관계를 지나왔고, 많은 오해와 갈등을 경험했으며, 이제는 더 이상 무엇을 증명하고 싶지 않은 나이가 되었다. 그럴수록 중요한 것은 승패가 아니라 어떤 믿음으로 살아왔느냐이다.

스데반의 삶은 우리에게 이렇게 말한다. 삶의 끝에서 가장 중요한 것은 얼마나 옳았느냐 얼마나 강했느냐가 아닌 어떤 믿음의 태도로 살아왔느냐라고.

상황이 불리할 때에도 중심을 잃지 않고, 억울한 순간에도 더 큰 뜻을 신뢰하며, 마지막까지 믿음의 방향을 선택할 수 있었던 그 힘, 그것이 바로 믿음이다.

그리고 그 믿음의 자리에는 언제나 조용한 도우심이 함께하고 있다.

제4부

결국 사랑 :
R4+4H=LOVE

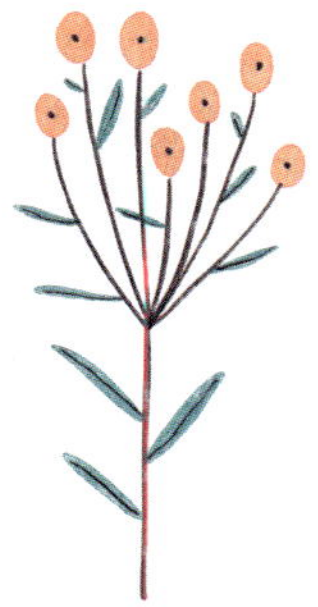

성경은 가장 단순한 언어로 이 세상의 본질을 말한다. 그중에서도 〈요한1서〉의 말씀은 수천 년 동안 변하지 않는 진리로 우리 앞에 서 있다.

"하나님은 사랑이심이라" (요한1서 4:8)

이 말씀은 하나님에 대한 설명이 아니라 존재 전체에 대한 선언이다. '하나님은 사랑이시라'라는 말은 하나님이 사랑을 가지고 계신다는 뜻이 아니라, 하나님 존재 자체가 사랑이라는 뜻이다. 그러므로 사랑은 하나님의 속성 중 하나가 아닌 하나님 자신이며, 동시에 이 세상이 존재하는 이유다.

우리가 왜 태어났고, 왜 살아 있는지, 왜 다시 회복될 수 있는지에 대한 모든 질문은 결국 이 한 문장으로 돌아온다. 사랑이 먼저 있었고 생명은 그다음이었다.

성경의 창조 이야기를 자세히 읽어보면 하나님은 필요 때문에 세상을 만들지 않으셨다. 외로움을 달래거나 도움을 받기 위함도 아니었다. 하나님은 완전한 분이며 그 완전함 안에는 결핍이 없다. 그럼에도 하나님은 세상을 창조하셨다. 이유는 단 하나, 바로 사랑 때문이다.

사랑은 <u>흐르고</u>, 나누고 싶어하고, 생명을 낳는다.

성경은 말한다.

"태초에 하나님이 천지를 창조하시니라"(창세기 1:1)

태초에 필요가 있었던 것이 아니라 태초에 사랑이 있었다.

인간은 사랑 때문에 존재한다. 인간은 어떤 목적을 수행하기 위해 만들어진 도구가 아니다. 하나님은 우리를 사용하기 위해서가 아니라 사랑하기 위해 만드셨다.

그래서 인간은 태어나는 순간부터 사랑을 필요로 하며, 사랑이 끊어질 때 가장 먼저 무너진다. 사랑이 없으면 몸은 긴장하고, 마음은 불안해지며, 영혼은 지친다. 이것은 감정의 문제가 아니라 생명의 구조에 관한 문제다. 이것을 성경은 다음과 같이 말한다.

"사랑 안에 두려움이 없고 온전한 사랑이 두려움을 내쫓나니"(요한1서 4:18)

두려움이 사라질 때, 몸은 회복을 시작한다.

사랑이 사라진 자리에는 두려움이 가장 먼저 들어온다. 두려움은 몸에게 끊임없이 이렇게 말한다. "언제 무너질지 모른다.", "언제 공격받을지 모른다.", "언제 잃을지 모른다."라고.

이 말을 계속 듣는 몸은 회복을 미루고, 재생을 중단한다. 줄기세포조차 지치게 만든다. 그래서 두려움 속에 오래 머문 사람은 늙고, 아프고, 쉽게 무너진다. 사랑이 없는 삶은 조용히 생명을 갉아먹는다.

성경은 근심에 대해 매우 구체적으로 표현한다.

"심령의 근심은 뼈를 마르게 하느니라"(잠언 17:22)

골수는 피가 만들어지고, 면역이 시작되며, 회복의 씨앗이 저장되는, 생명을 만드는 가장 깊은 자리다. 근심과 걱정은 단순한 생각의 문제가 아니라 생명의 근원을 마르게 하는 힘이다.

하나님은 사랑으로 세상을 유지하신다. 그 사랑은 교회 안에만 머물지 않는다. 하나님은 이 세상을 창조하면서 모든 생명에게 살 수 있는 조건을 주셨다. 빛을 주셨고, 물을 주셨으며, 공기를 주셨고, 먹을 것을 주셨다. 이것은 선별된 은혜가 아니라 보편적인 사랑이다. 하나님은 자기를 알지 못하는 사람에게도 햇빛을 비추시고, 비를 내리시며, 숨쉴 공기를 허락하신다.

무엇보다 하나님은 우리를 사랑하셔서 예수님을 이 땅에 보내셨다.

"하나님이 세상을 이처럼 사랑하사 독생자를 주셨으니"(요한복음 3:16)

예수님은 사랑이 사람의 몸을 입고 이 땅에 오신 분이다. 정죄하기 위해서가 아니라 죄에서 건지고, 무너진 생명을 다시 살리기 위해 오셨다.

줄기세포는 하나님이 생명 안에 미리 심어두신 회복의 씨앗이다. 상처가 생겼을 때 다시 살아날 수 있도록, 고장이 났을 때 다시 일어설 수 있도록, 하나님은 사랑으로 이 능력을 넣어두셨다. 줄기세포는 사랑이 생명 안에서 작동하는 한 방식이다.

내가 말하는 줄기세포 창생의학은 기술 중심의 의학이 아니다. 창생의학은 사랑을 선용하는 의학이다. 줄기세포 과학자는 신이 되려는 사람이 아니다. 하나님의 선물을 겸손히 받아 감사함으로 연구하고, 생명을 살리는 데 사용하려는 일꾼이다.

"맡은 자들에게 구할 것은 충성이니라"(고린도전서 4:2)

사랑이 없는 기술은 오래가지 않는다. 그러나 사랑 안에서 사용되는 의학은 생명을 살린다. 사랑은 회복을 지속시킨다. 치료는 한 번으로 끝날 수 있지만 사랑은 회복을 내일로 이어지게 한다.

성경은 말한다.

"믿음, 소망, 사랑, 이 세 가지는 항상 있을 것인데 그 중의 제일은 사랑이라"(고린도전서 13:13)

하나님은 우리를 사랑하셔서 예수님을 이 땅에 보내셨고, 지금도 사랑으로 생명을 붙드신다.

줄기세포는 하나님 사랑의 선물이며, 창생의학은 그 사랑을 겸손히 실천하는 길이다. '시편 23편'을 읊조리며 하나님의 사랑을 노래한다.

시편 23편

1 여호와는 나의 목자시니 내게 부족함이 없으리로다

2 그가 나를 푸른 풀밭에 누이시며 쉴 만한 물 가로 인도하시는도다

3 내 영혼을 소생시키시고 자기 이름을 위하여 의의 길로 인도하시는도다

4 내가 사망의 음침한 골짜기로 다닐지라도 해를 두려워하지 않을 것은 주께서 나와 함께 하심이라 주의 지팡이와 막대기가 나를 안위하시나이다

5 주께서 내 원수의 목전에서 내게 상을 차려 주시고 기름을 내 머리에 부으셨으니 내 잔이 넘치나이다

6 내 평생에 선하심과 인자하심이 반드시 나를 따르리니 내가 여호와의 집에 영원히 살리로다

　사람들은 젊음을 이야기할 때 대개 시간을 먼저 떠올린다. 몇 살인지, 얼마나 빨리 움직일 수 있는지, 얼굴에 주름이 얼마나 있는지와 같은 기준으로 젊음을 재단한다. 그러나 인생을 조금만 더 깊이 살아보면 젊음은 숫자의 문제가 아니라는 사실을 깨닫게 된다. 같은 나이여도 어떤 사람은 이미 삶에서 물러나 있고, 어떤 사람은 여전히 배우고 계획하며 기대 속에서 살아간다. 이 차이는 체력만으로는 설명되지 않는다. 젊음은 시간의 문제가 아니라 생명이 어떤 상태에 놓여 있는가의 문제다.

　이 책에서 말하는 젊음은 단순히 병이 없거나 통증이 없는 상태를 의미하지 않는다. 젊음이란 회복할 수 있는 힘이 살아 있는 상태, 다시 말해 흔들려도 다시 돌아올 수 있는 능력이 유지되는 상태다. 넘어지지 않는 사람이 젊은 것이 아니라 넘어져도 다시 일어설 수 있다고 믿고, 실제로 일어설 수 있는 사람이 젊은 것이다. 이 회복력의 중심에는 언제나 사랑이 있다.

사랑이 끊어질 때, 젊음이 가장 먼저 사라진다. 사람이 늙어 보이기 시작하는 순간은 몸이 아파졌을 때가 아니라 마음이 닫혔을 때다. 더 이상 배우고 싶지 않고, 더 이상 기대하지 않으며, "이제는 다 그런 것"이라고 말하기 시작할 때, 젊음은 이미 안에서부터 사라지기 시작한다. 이 상태의 공통점은 하나다. 사랑의 흐름이 끊어졌다는 것이다.

우리는 흔히 젊음을 빠름으로 오해한다. 빨리 걷고, 빨리 판단하고, 빨리 성과를 내는 것을 젊음의 증거처럼 여긴다. 그러나 성경이 말하는 젊음은 속도가 아니라 흐름에 가깝다. 흐름이 있다는 것은 생명이 막히지 않고 이어지고 있다는 뜻이다. 흐르는 강물은 오래되어도 썩지 않지만, 흐르지 않는 웅덩이 물은 썩는다.

사랑받고 있다는 감각, 누군가와 연결되어 있다는 확신, 나의 존재가 여전히 의미 있다는 믿음은 몸과 마음의 흐름을 살린다. 반대로 고립과 미움, 원망과 외로움은 흐름을 막는다. 그래서 사랑이 있는 사람은 나이가 들어도 부드럽고, 사랑이 끊어진 사람은 젊은 나이에도 굳어 보인다. 젊음은 피부가 아닌 사랑이 흐르는 방향에 있다.

성경은 젊음을 근육이나 혈기, 경쟁력으로 정의하지 않는다. 〈시편〉은 젊음을 이렇게 묘사한다. "의인은 종려나무 같이 번성하며 레바논의 백향목 같이 성장하리로다"(시편 92:12) 종려나무와 백향목의 공통점은 성장이 빠르지 않다는 데 있다. 그러나 이 나무들은 오랫동안 자라며, 쉽게 꺾이지 않고, 깊이 뿌리내린다. 성경이 말하는 젊음은 빨리 소비되는 에너지가 아니라 지속되는 생명력이다.

예수님을 만난 사람들은 단지 병이 낫는 데 그치지 않고 삶의 방향을 되찾았다. 중풍병자는 다시 걷게 되었을 뿐 아니라 일상을 꿈꾸게 되었고, 혈루증 여인은 몸이 나은 것에 그치지 않고 다시 사람들 사이로 나아갔다. 삭개오는 재물을 나눈 뒤 "오늘 구원이 이 집에 이르렀으니"(누가복음 19:9)라는 선언을 들었다. 이 모든 장면에서 공통적으로 나타나는 변화는 하나다. 삶이 다시 앞으로 흐르기 시작했다는 사실이다.

예수님의 사랑은 사람을 젊게 만든다. 이 젊음은 나이를 되돌리는 마술이 아니라 미래를 다시 바라보게 하는 힘이다. 더 이상 "이제는 끝이다."가 아니라 "다시 시작할 수 있다."라고 말하게 만드는 힘, 그것이 예수님의 사랑이 가져오는 젊음이다.

젊음은 관리의 결과이기도 하지만, 더 깊게 보면 관계의 결과이다. 사랑 안에 있는 사람은 자신을 돌볼 이유와 내일을 준비할 이유를 잃지 않으며, 회복을 포기하지 않는다. 이것이 젊음을 지키는 가장 강력한 동기다.

사랑 안에 거하는 사람은 회복을 선택하지 않아도 회복의 방향에 머문다. 반대로 사랑이 없는 곳에 오래 머물면 아무리 노력해도 젊음을 유지하기 어렵다.

성경은 말한다. "내 안에 거하라 나도 너희 안에 거하리라"(요한복음 15:4) 이 말씀은 신앙의 요구가 아닌 생명을 지키는 방법에 대한 안내다.

젊음은 되돌릴 수 있는 과거가 아니라 지켜야 할 현재다. 그리고 그 현재를 지키는 가장 깊은 힘은 사랑이다. 하나님은 사랑이시며, 그 사랑 안에 거할 때 생명은 늙지 않는다. '시편 46편'을 소리 내어 읽어본다.

시편 46편

1 하나님은 우리의 피난처시요 힘이시니 환난 중에 만날 큰 도움이시라

2 그러므로 땅이 변하든지 산이 흔들려 바다 가운데에 빠지든지

3 바닷물이 솟아나고 뛰놀든지 그것이 넘침으로 산이 흔들릴지라도 우리는 두려워하지 아니하리로다

4 한 시내가 있어 나뉘어 흘러 하나님의 성 곧 지존하신 이의 성소를 기쁘게 하도다

5 하나님이 그 성 중에 계시매 성이 흔들리지 아니할 것이라 새벽에 하
　나님이 도우시리로다

6 뭇 나라가 떠들며 왕국이 흔들렸더니 그가 소리를 내시매 땅이 녹았도다

7 만군의 여호와께서 우리와 함께 하시니 야곱의 하나님은 우리의 피난
　처시로다

8 와서 여호와의 행적을 볼지어다 그가 땅을 황무지로 만드셨도다

9 그가 땅 끝까지 전쟁을 쉬게 하심이여 활을 꺾고 창을 끊으며 수레를
　불사르시는도다

10 이르시기를 너희는 가만히 있어 내가 하나님 됨을 알지어다 내가 뭇
　나라 중에서 높임을 받으리라 내가 세계 중에서 높임을 받으리라 하
　시도다

11 만군의 여호와께서 우리와 함께 하시니 야곱의 하나님은 우리의 피난
　처시로다

3장

사랑은 영원하다

사람은 누구나 인생의 어느 순간, 같은 질문 앞에 서게 된다. 젊음이 사라지고, 몸이 약해지고, 관계가 변하고, 결국 죽음이라는 단어가 더 이상 남의 이야기가 아닐 때 우리는 스스로에게 묻게 된다.

'과연 무엇이 남을까?' 하는 질문이다. 돈도, 명예도, 성취도, 심지어 건강마저도 영원하지 않다는 사실을 깨닫게 되었을 때, 끝까지 붙들 수 있는 것이 있는지, 있다면 그것은 무엇인지에 대한 질문이다.

이 질문 앞에서 과학은 많은 설명을 내놓지만 끝까지 책임지지는 못하고, 의학은 수명을 연장할 수는 있어도 영원의 문을 열지는 못한다. 인간의 지혜는 결국 침묵하게 된다. 그리고 그 침묵의

자리에서 성경은 조용하지만 분명하게 말한다. '사랑은 영원하다'
라고.

성경은 "사랑은 언제까지나 떨어지지 아니하되"(고린도전서 13:8)
라고 기록하고 있다. 이 말씀은 감정에 대한 위로가 아니라 존재
에 대한 선언이다. 사랑은 일시적인 상태가 아니라 존재의 본질이
며, 생명이 흘러가는 가장 깊은 방향이다.

예수님은 이 땅에 계실 때 제자들에게 약속하셨다. "볼지어다
내가 세상 끝날까지 너희와 항상 함께 있으리라"(마태복음 28:20) 이
말씀은 단순한 작별 인사가 아니다. 이 말씀은 사랑의 본질에 대
한 약속이며, 동시에 생명의 선언이다.

예수님은 제자들에게 이렇게 말씀하신 것이나 다름없다. 너희
가 늙고 병들어도, 실패하고 두려움에 흔들려도 나는 너희를 떠
나지 않겠다고 말이다. 사랑은 떠나지 않겠다는 약속이며, 영원히
함께하겠다는 선택이다.

예수님의 사랑이 영원하다는 사실은 말이 아니라 그분의 삶으
로 증명되었다. 〈요한복음〉은 예수님의 사랑을 이렇게 정리한다.
"세상에 있는 자기 사람들을 사랑하시되 끝까지 사랑하시니라"(요
한복음 13:1) 여기서 '끝까지'라는 말은 모든 조건이 사라진 뒤에도
사랑하신다는 뜻이다.

예수님은 제자들이 충성스러울 때만이 아니라 그들이 도망쳐

고 부인하며 배신하고 두려움에 숨었을 때에도 사랑을 거두지 않으셨다. 사랑은 상대의 완전함에 근거하지 않는다. 사랑은 자신의 선택에 근거한다.

이 사랑 앞에서 인간의 실패는 마지막이 되지 않는다. 사랑은 언제나 회복의 문을 남겨둔다. 그래서 예수님을 만난 사람들의 삶은 단순히 병이 나은 것으로 끝나지 않았다. 그들은 다시 살아가기 시작했다.

예수님은 제자들에게 새 계명을 주셨다. "내가 너희를 사랑한 것 같이 너희도 서로 사랑하라"(요한복음 13:34) 이 말씀은 윤리적 요구가 아니다. 착하게 살라는 권면도 아니다. 이 말씀의 본질은 '사랑 안에 머물라'이다.

이 책에서 우리는 줄기세포, 회복, 젊음, 치유, 항상성을 이야기했다. 그러나 그 모든 논의의 가장 깊은 곳에는 하나의 진실이 흐르고 있다. 그것은 사랑은 늙지 않게 하는 생명의 샘이라는 사실이다.

사람이 늙는 것은 단지 세포 수가 줄어들기 때문만은 아니다. 삶의 의미를 잃을 때, 관계가 끊어질 때, 함께함이 사라질 때 사람은 급격히 늙는다. 사랑 안에 있는 사람은 나이가 들어도 기대할 이유를 잃지 않고, 몸이 약해져도 삶을 포기하지 않으며, 병이 찾아와도 여전히 회복을 기대한다.

이 상태가 바로 생명이 계속 흐르는 상태이며, 늙음이 늦춰지는 상태다.

줄기세포를 연구하고 생명이 회복되는 과정을 수없이 지켜보며, 나는 마음 깊은 곳에서 하나의 고백에 이르게 되었다. 우리의 진정한 생명의 줄기세포는 바로 예수님의 사랑임을 받아들인 고백이다.

줄기세포는 몸안에서 회복의 씨앗으로 작동한다. 하지만 그 씨앗이 자라고 유지되고 다시 회복의 방향으로 움직이게 하는 가장 깊은 근원은 따로 있다. 바로 예수님의 사랑이다.

예수님의 사랑은 우리 존재 안에서 가장 깊은 곳에 자리한 '영적 줄기세포'와 같다. 우리가 무너졌을 때 다시 일어나게 하고, 상처받았을 때 다시 회복을 향해 움직이게 하며, 포기하고 싶을 때에도 아직 끝나지 않았다고 말해주는 근원이다.

그래서 예수님의 사랑 안에 거하는 사람은 몸이 약해져도 쉽게 무너지지 않는다. 나이가 들어도 삶을 포기하지 않으며, 병이 찾아와도 여전히 회복을 기대한다. 이 기대가 바로 생명의 신호이며, 이 신호가 꺼지지 않을 때 인간은 늙음과 아픔 앞에서도 끝까지 생명의 방향을 유지한다.

줄기세포는 이 사랑이 육체 안에서 작동하도록 돕는 도구이고, 예수님의 사랑은 그 도구가 작동할 수 있도록 생명 전체를 감싸는 근원이다.

사랑은 사라지지 않는다. 사랑은 늙지 않고 병들지 않는다. 그리고 이 사랑 안에 있을 때 인간의 생명은 끝나지 않는다.

예수님은 지금도 우리에게 말씀하신다. "내가 세상 끝날까지 너희와 항상 함께 있으리라"(마태복음 28:20) 이 약속 안에서 우리는 늙지 않고 아프지 않으며, 영원한 생명의 방향으로 살아간다.

시편 91편

1 지존자의 은밀한 곳에 거주하며 전능자의 그늘 아래에 사는 자여,

2 나는 여호와를 향하여 말하기를 그는 나의 피난처요 나의 요새요 내가 의뢰하는 하나님이라 하리니

3 이는 그가 너를 새 사냥꾼의 올무에서와 심한 전염병에서 건지실 것임이로다

4 그가 너를 그의 깃으로 덮으시리니 네가 그의 날개 아래에 피하리로다 그의 진실함은 방패와 손 방패가 되시나니

5 너는 밤에 찾아오는 공포와 낮에 날아드는 화살과

6 어두울 때 퍼지는 전염병과 밝을 때 닥쳐오는 재앙을 두려워하지 아니하리로다

7 천 명이 네 왼쪽에서, 만 명이 네 오른쪽에서 엎드러지나 이 재앙이 네게 가까이 하지 못하리로다

8 오직 너는 똑똑히 보리니 악인들의 보응을 네가 보리로다

9 네가 말하기를 여호와는 나의 피난처시라 하고 지존자를 너의 거처로
삼았으므로

10 화가 네게 미치지 못하며 재앙이 네 장막에 가까이 오지 못하리니

11 그가 너를 위하여 그의 천사들을 명령하사 네 모든 길에서 너를 지키게
하심이라

12 그들이 그들의 손으로 너를 붙들어 발이 돌에 부딪히지 아니하게 하
리로다

13 네가 사자와 독사를 밟으며 젊은 사자와 뱀을 발로 누르리로다

14 하나님이 이르시되 그가 나를 사랑한즉 내가 그를 건지리라 그가 내
이름을 안즉 내가 그를 높이리라

15 그가 내게 간구하리니 내가 그에게 응답하리라 그들이 환난 당할 때
에 내가 그와 함께 하여 그를 건지고 영화롭게 하리라

16 내가 그를 장수하게 함으로 그를 만족하게 하며 나의 구원을 그에게
보이리라 하시도다

제5부

늙지 않고 아프지 않는 인생을 위하여 : R4+4H=LOVE

　사람들은 몸을 깨끗하게 하고 싶다고 말하면서도, 대개 그 방법을 '무엇을 더 먹을까, 무엇을 더 보충할까'에서 찾는다. 새로운 건강기능식품, 값비싼 영양제, 더 강력한 치료법을 찾으며 몸을 처음 상태로 되돌리고 싶어 한다. 그러나 자연을 깊이 들여다보고, 성경과 생명의 질서를 함께 묵상해보면, 몸을 깨끗하게 하는 길은 더하는 것이 아니라 비우는 것에서 시작된다는 사실을 깨닫게 된다.

　몸은 본래 스스로 정리하고, 회복하며, 다시 맑게 만드는 능력을 가지고 창조되었다. 숨을 쉬며 이산화탄소를 내보내고, 땀과 소변으로 노폐물을 배출하며, 간, 신장, 장을 통해 몸속에 쌓인 찌꺼기를 정리하는 이 모든 과정은 따로 배우지 않고도 몸이 알아서 수행하는 하나님의 질서다. 문제는 이 질서가 깨질 때 발생한다. 노폐물이 빠져나가지 못하고 몸속에 머물며 몸의 환경이 탁해지고 줄기세포조차 제 역할을 하기 어려운 상태가 되는 순간부터 아픔과 노화는 조용히 시작된다.

그래서 처음처럼 깨끗한 몸으로 산다는 것은 억지로 고치는 일이 아니라 몸이 다시 스스로를 정리할 수 있도록 길을 열어주는 일이다. 이것은 기술의 문제가 아니라 태도의 문제이며, 의지의 문제가 아니라 방향의 문제다.

몸속 노폐물은 어느 날 갑자기 생기지 않는다. 대부분은 아주 사소한 일상의 선택들이 오랜 시간 쌓여 만들어진 결과다. 너무 자주 먹고, 늦게 먹고, 배가 고프지 않아도 먹고, 몸이 쉬어야 할 시간에도 먹는 습관이 우리 몸속에 찌꺼기를 남긴다. 이 찌꺼기들은 장에 머물며 몸을 더럽히고, 대사 과정에서 생긴 부산물들은 간과 신장에 부담을 준다.

여기에 오염된 공기, 스트레스, 수면 부족, 운동 부족 등이 더해져 우리 몸은 점차 정리할 힘을 잃는다. 몸속 노폐물은 눈에 보이지 않지만 몸은 정확히 반응한다. 아침에 일어나도 개운하지 않고, 몸이 무겁고, 작은 활동에도 쉽게 피로해지며 회복이 느려진다. 이 상태가 오래 지속되면 우리는 "나이가 들어서 그렇다."고 말한다. 하지만 사실은 너무 오래 몸을 청소하지 못한 결과인 경우가 많다.

몸속 노폐물을 제거하는 방법은 놀라울 정도로 단순하다. 특별한 비법이나 극단적인 방법이 필요하지 않다. 하나님이 이미 몸안에 넣어두신 자연치유 시스템을 다시 살리면 된다.

첫째, 숨을 깊게 쉰다. 깊은 호흡은 몸의 긴장을 풀고 혈액과 림프의 흐름을 도우며 노폐물이 배출될 수 있는 통로를 연다. 반면, 얕고 빠른 호흡은 몸을 늘 긴장 상태에 머물게 하여 회복을 방해한다.

둘째, 물을 충분히 마신다. 물은 신장이 제 역할을 하도록 돕는 가장 기본적이면서 가장 강력한 정화 도구다. 물을 잘 마시지 않는 몸은 노폐물을 껴안고 살아갈 수밖에 없다. 물은 몸에게 "이제 흘려보내도 된다."라고 말해주는 신호다.

셋째, 장을 비워준다. 장은 몸의 환경을 결정하는 핵심 공간이다. 장에 오래 머문 찌꺼기는 몸 전체를 더럽힌다. 규칙적인 배변은 노폐물 제거의 기본이자 몸을 맑게 하는 출발점이다.

넷째, 땀을 흘린다. 땀은 단순한 운동의 부산물이 아니라 몸이 스스로 선택한 배출 방식이다. 가벼운 걷기, 스트레칭, 숨이 조금 찰 정도의 움직임은 몸속에 정체된 노폐물을 밖으로 밀어낸다. 격렬할 필요는 없지만 꾸준해야 한다.

이 네 가지는 모두 창조 질서에 순응하는 삶의 태도이며, 몸을 처음처럼 깨끗하게 만드는 가장 정직한 길이다.

깨끗한 몸으로 살기 위해서는 무엇을 먹느냐만큼이나 무엇을 멀리하느냐가 중요하다. 지나치게 가공된 음식, 인위적인 단맛과 짠맛, 너무 오래 저장된 음식은 우리 몸속 환경을 서서히 더럽힌다. 이런 음식은 몸을 쉬지 못하게 만들고, 스스로 정리할 틈을 주지 않는다.

외부 환경도 마찬가지다. 탁한 공기, 끊임없는 소음, 수많은 정보의 홍수는 몸을 늘 긴장 상태로 몰아넣는다. 우리 몸은 사랑 안에서 안정될 때 깨끗해진다. 불안과 끊임없는 자극 속에서는 결코 맑아질 수 없다.

이제 우리는 무엇을 먹어야 하는지 다시 물어야 한다. 몸을 깨끗하게 하는 음식은 복잡하지 않다. 바로 자연발효식품이다. 발효는 사람이 억지로 만드는 기술이 아니다. 시간과 미생물이 함께 작용하며 음식을 더 깊고, 더 부드럽고, 더 몸에 맞게 바꾸는 과정이다.

자연발효식품은 장 환경을 정리하고 소화를 돕고 노폐물 배출을 촉진하며 줄기세포가 일하기 좋은 환경을 만든다. 발효된 음식은 이미 한 차례 분해된 상태이기 때문에, 몸은 덜 애쓰고도 더 잘 흡수할 수 있다.

자연발효식품 중에도 청국장은 특별하다. 청국장은 콩이 가진 생명의 힘이 발효를 통해 극대화된 음식이다. 발효 과정에서 만들어지는 다양한 효소와 유익균은 장 속 환경을 빠르게 개선한다. 장이 깨끗해지면 면역이 안정되고 염증이 줄어들며 노폐물 배출이 활발해진다.

청국장은 단순한 전통 음식이 아니라 몸속 청소부와 같다. 특히 노년기에 들어설수록 청국장은 몸을 가볍게 만들고, 회복의 기반을 다져준다. 꾸준히 먹을 때 그 효과는 더욱 분명해진다.

발효는 급하지 않다. 억지로 서두르지 않으며 기다리고, 자라고, 변화한다. 이 모습은 하나님이 일하시는 방식과 닮아 있다. 몸을 깨끗하게 하는 것은 조급함을 내려놓고 하나님의 시간에 몸을 맡기는 것이다. 줄기세포도 이런 환경에서 가장 잘 작동한다.

몸을 존중하고 혹사하지 않으며, 내 몸을 하나님의 성전으로 대하는 태도를 회복하면 몸은 깨끗해진다. 이렇게 깨끗해진 몸속의 줄기세포는 살아나고, 회복력은 유지되며, 노화는 늦춰진다.

몸은 하나님의 사랑이 머무는 자리다. 그러므로 몸을 깨끗하게 하는 일은 하나님 사랑에 길을 열어드리는 일이다. 비우고, 정리하고, 발효된 음식을 통해 몸을 다시 살리는 이 길은, 결국 생명을 존중하는 삶의 고백이다.

1 온 땅이여 여호와께 즐거운 찬송을 부를지어다

2 기쁨으로 여호와를 섬기며 노래하면서 그의 앞에 나아갈지어다

3 여호와가 우리 하나님이신 줄 너희는 알지어다 그는 우리를 지으신 이요 우리는 그의 것이니 그의 백성이요 그의 기르시는 양이로다

4 감사함으로 그의 문에 들어가며 찬송함으로 그의 궁정에 들어가서 그에게 감사하며 그의 이름을 송축할지어다

5 여호와는 선하시니 그의 인자하심이 영원하고 그의 성실하심이 대대에 이르리로다

2장
마음을 어린아이와 같이
깨끗하게

늙지 않고 아프지 않는 인생을 논할 때, 몸만 먼저 언급하는 것은 절반의 이야기에 불과하다. 마음이 어떻게 살아왔는지, 무엇을 붙들고 살아왔는지, 또 무엇 때문에 늘 긴장하고 있었는지를 함께 살피지 않으면 회복은 오래가지 않는다. 몸은 언제나 마음의 상태를 투영하기 때문이다.

스트레스는 단순히 기분이 나쁜 상태를 의미하지 않는다. 마음이 지속적으로 긴장 상태에 머무는 것을 말한다. 늘 무언가를 걱정하고 두려워하며 더 가져야 한다고 느끼는 상태가 바로 스트레스다.

이 상태에 오래 머문 마음은 결코 쉬지 못한다. 쉬지 못하는 마음은 몸에게도 쉼을 허락하지 않는다. 몸은 마음의 상태를 그대로 따라간다. 마음이 늘 쫓기고 있으면 몸은 늘 전쟁 준비 상태로 살아가게 된다. 이 전쟁 모드에서는 회복보다 버티기가 우선이 되고, 재생과 회복은 뒤로 밀린다. 이때 줄기세포조차 회복의 방향을 잃는다.

노화는 단지 시간이 흘러 세포가 닳아서 생기는 현상이 아니다. 노화는 회복을 포기한 상태가 오래 지속될 때 시작된다. 스트레스가 계속되면 몸은 이렇게 판단한다. "지금은 회복할 때가 아니다. 지금은 살아남는 것이 먼저다."

이런 판단이 반복되면 몸은 점점 회복 시스템을 줄이고 재생을 뒤로 미루며 최소한의 에너지를 사용한다. 이것이 바로 스트레스가 노화를 가속하는 이유다. 그래서 같은 나이여도 마음이 늘 쫓기며 살아온 사람은 더 빨리 늙고, 마음이 상대적으로 가벼운 사람은 오래도록 생기를 유지한다.

질병은 어느 날 갑자기 찾아오지 않는다. 대부분의 질병은 오랫동안 준비된 결과다. 스트레스는 염증을 키우고 면역을 흔들며 혈류를 막고 수면의 질을 깨뜨린다. 이 네 가지가 동시에 흔들리면 몸은 결국 신호를 보낸다. 통증으로, 피로로, 불면으로 혹은 설명하기 어려운 불안으로 말이다.

많은 질병의 뿌리를 따라가 보면, 그 끝에는 언제나 쉬지 못한 마음이 자리하고 있다. 몸은 마음이 허락한 만큼만 회복한다.

예수님은 사람들을 만날 때, 언제나 병의 이름보다 마음의 상태를 먼저 보셨다. 그 사람이 무엇 때문에 그렇게 살게 되었는지, 무엇이 그 마음을 짓누르고 있는지를 보셨다. 그래서 예수님은 이렇게 말씀하셨다.

"수고하고 무거운 짐 진 자들아 다 내게로 오라. 내가 너희를 쉬게 하리라"(마태복음 11:28)

이 말씀은 육체노동에 지친 사람들만을 향한 초대가 아니다. 마음이 쉬지 못한 사람들을 향한 부르심이다. 예수님은 먼저 마음을 쉬게 하셨고 그다음에 회복을 허락하셨다. 예수님은 산상수훈에서 뜻밖의 선언으로 말씀을 시작하셨다.

"심령이 가난한 자는 복이 있나니 천국이 그들의 것임이요"(마태복음 5:3)

마음이 가난하다는 말은 아무것도 없다는 뜻이 아니다. 그것은 붙들고 있던 것을 내려놓을 수 있는 마음을 뜻한다. 모든 것을 자기 힘으로 지켜야 한다는 강박에서 벗어난 마음, 하나님께 기대고 맡길 수 있는 마음이다.

마음이 가난한 사람은 가볍다. 이 가벼움이 마음을 쉬게 하고, 마음이 쉬면 몸도 쉰다. 이 쉼이 노화를 늦춘다.

예수님은 이어서 이렇게 말씀하셨다.

"마음이 청결한 자는 복이 있나니 그들이 하나님을 볼 것임이

요”(마태복음 5:8)

마음이 맑아지면 사람은 있는 그대로를 보고, 하나님을 신뢰하며, 삶을 맡길 수 있게 된다. 이 신뢰가 마음을 쉬게 하고, 마음이 쉬면 몸은 다시 회복을 선택한다.

욕심은 마음을 늘 부족한 상태에 두고, 부족함은 끝없는 스트레스를 낳는다. 이 스트레스가 몸을 늙게 하고, 질병의 문을 연다. 예수님은 분명하게 말씀하셨다.

“너희를 위하여 보물을 땅에 쌓아 두지 말라 (…) 오직 너희를 위하여 보물을 하늘에 쌓아 두라”(마태복음 6:19~20)

이 말씀은 돈을 벌지 말라는 뜻이 아니다. 이 말씀의 핵심은 무엇을 가장 안전한 것으로 여기며 살아가느냐에 있다. 재물을 하늘에 쌓는 삶은 사랑과 관계, 신뢰를 우선에 두는 삶이다. 이 삶은 마음을 불필요한 경쟁에서 풀어주고, 스트레스를 줄이며, 삶의 속도를 회복시킨다.

늙지 않고 아프지 않는 인생은 강한 마음을 가지는 인생이 아니다. 가벼운 마음을 유지하는 인생이다.

마음을 어린아이와 같이 깨끗하게 할 때, 생명은 다시 흐른다. 노화는 늦춰지며, 질병은 우리 몸안에서 힘을 잃는다.

1 복 있는 사람은 악인들의 꾀를 따르지 아니하며 죄인들의 길에 서지 아니하며 오만한 자들의 자리에 앉지 아니하고

2 오직 여호와의 율법을 즐거워하여 그의 율법을 주야로 묵상하는도다

3 그는 시냇가에 심은 나무가 철을 따라 열매를 맺으며 그 잎사귀가 마르지 아니함 같으니 그가 하는 모든 일이 다 형통하리로다

4 악인들은 그렇지 아니함이여 오직 바람에 나는 겨와 같도다

5 그러므로 악인들은 심판을 견디지 못하며 죄인들이 의인들의 모임에 들지 못하리로다

6 무릇 의인들의 길은 여호와께서 인정하시나 악인들의 길은 망하리로다

성경은 인간의 시작을 매우 단순하면서도 깊이 있게 기록한다. "여호와 하나님이 땅의 흙으로 사람을 지으시고 생기를 그 코에 불어넣으시니 사람이 생령이 되니라"(창세기 2:7) 이 한 문장 안에는 인간 존재의 모든 비밀이 담겨 있다. 인간은 흙으로 지음받은 육체이지만, 그 육체가 단순한 생물이 아니라 사람이 된 이유는 하나님의 생기, 곧 하나님의 숨이 그 안에 들어왔기 때문이다. 사람은 단지 살아 움직이는 존재가 아니라 하나님의 생기로 살아가는 영적 존재다.

그래서 인간의 참된 생명은 심장에서 시작되지 않는다. 호흡에서 시작되지도 않는다. 인간의 참된 생명은 하나님의 생기와 연결된 영에서 시작된다. 이 영이 살아 있을 때, 사람은 젊고 건강하며 끝까지 생명의 방향을 잃지 않는다. 반대로 이 영이 메말라 있을 때, 몸과 마음이 아무리 애써도 인생은 오래 버티지 못한다.

하나님의 생기로 사는 영이 곧 살아 있는 영이다. 살아 있는 영은 소모되지 않고, 늙지 않으며, 죽음을 향해 흘러가지 않는다. 살아 있는 영은 언제나 생명을 향해 흐른다. 이 영이 바로 인간 존재의 중심이다.

그러나 성경은 인간의 비극적인 전환점도 동시에 기록한다. 아담의 범죄 이후, 인간은 더 이상 생명의 길로 자연스럽게 갈 수 없게 되었다. 죄는 단지 도덕적 잘못이 아니라 하나님의 생기와의 연결이 끊어진 상태를 의미한다. 이때부터 인간은 흙으로 돌아갈 수밖에 없는 존재가 되었고, 영은 점점 메말라갔다.

몸은 여전히 숨을 쉬었지만 영은 점점 생명의 방향을 잃었고, 인간은 아무리 열심히 살아도 허무함을 벗어나지 못했다. 이것이 인간이 스스로 늙고, 아프고, 결국 죽을 수밖에 없었던 가장 깊은 이유다.

하지만 하나님은 인간을 포기하지 않으셨다. 성경은 말한다. "하나님이 세상을 이처럼 사랑하사 독생자를 주셨으니" (요한복음 3:16) 이 말씀은 죄를 정죄하기 위한 문장이 아니라 끊어진 생명의 길을 다시 여는 선언이다. 하나님은 사랑으로 예수 그리스도를 이 땅에 보내셨다.

예수님은 죄의 문제를 해결하시고 하나님의 생기를 다시 인간 안으로 회복시키기 위해 오신 분이다. 그래서 예수님은 "내가 온 것은 양으로 생명을 얻게 하고 더 풍성히 얻게 하려는 것이라"(요한복음 10:10)라고 말씀하셨다. 예수님을 믿는 것은 종교를 하나 선택하는 일이 아니다. 끊어졌던 생명의 줄에 다시 연결되는 사건이다.

예수님은 십자가와 부활로 생명의 길을 여신 후, 제자들에게 약속하셨다. "내가 아버지께 구하겠으니 그가 또 다른 보혜사를 너희에게 주사 영원토록 너희와 함께 있게 하리니"(요한복음 14:16) 예수님이 승천하신 것은 인간을 혼자 남겨두기 위함이 아니라 더 깊은 방식으로 함께하시기 위함이었다.

그 약속대로 성령님이 오셨다. 성령님은 과거에 아담의 코에 불어넣으셨던 하나님의 생기가 다시 인간의 영 안으로 들어오는 사건이다. 예수님을 믿는 순간, 성령님은 우리 안에 오셔서 함께 거하신다. 이것은 상징이 아니라 실제적인 생명의 회복이다.

성령과 함께 사는 삶은 특별한 체험을 반복하는 삶이 아니다. 그것은 생명의 근원과 온전히 연결된 상태로 살아가는 삶이다. 성령의 능력과 지혜로 사는 사람은 불필요한 두려움에 휘둘리지 않고, 근심과 걱정에 오래 머물지 않으며, 삶의 무게를 혼자 짊어지지 않는다.

이 상태가 바로 영이 깨끗하게 유지되는 상태다. 영이 깨끗하면 마음은 혼란에서 벗어나고, 마음이 맑아지면 몸은 회복의 방향을 잃지 않는다. 그래서 성령 충만은 신앙적인 표현이기 전에 늙지 않고 아프지 않게 사는 인생의 가장 깊은 조건이다.

성령님은 능력만 주시는 분이 아니다. 성령님은 지혜의 영이시다. 언제 쉬어야 할지, 언제 멈춰야 할지, 언제 내려놓아야 할지, 언제 다시 시작해야 할지를 조용히 알려주신다. 이 지혜를 따라 사는 삶은 몸을 혹사하지 않고, 마음을 소모하지 않으며, 영을 메마르게 하지 않는다.

그래서 성령의 지혜로 사는 사람은 끝까지 생명의 길 위에 머문다. 인생이 흔들려도 중심을 잃지 않고, 나이가 들어도 방향을 잃지 않으며, 병이 와도 생명을 포기하지 않는다.

이제 우리는 분명히 말할 수 있다. 늙지 않고 아프지 않는 인생은 단순히 의학의 완성으로 오지 않는다. 그것은 하나님의 생기로 사는 영이 회복될 때 비로소 가능해진다.

몸을 처음처럼 정결하게 하고, 마음을 어린아이와 같이 회복시키며, 영을 성령의 능력으로 깨끗하게 할 때, 마침내 인생은 다시 생명의 방향으로 흐르기 시작한다.

하나님은 흙으로 우리를 지으셨고, 사랑으로 생기를 불어넣으셨으며, 예수님을 보내셔서 생명의 길을 여셨고, 성령님을 보내셔서 지금도 우리와 함께하신다. 이 생명의 질서 안에 사는 삶, 그 삶이 바로 늙지 않고 아프지 않는 인생이다.

시편 118편

1 여호와께 감사하라 그는 선하시며 그의 인자하심이 영원함이로다

2 이제 이스라엘은 말하기를 그의 인자하심이 영원하다 할지로다

3 이제 아론의 집은 말하기를 그의 인자하심이 영원하다 할지로다

4 이제 여호와를 경외하는 자는 말하기를 그의 인자하심이 영원하다 할
   지로다

5 내가 고통 중에 여호와께 부르짖었더니 여호와께서 응답하시고 나를
   넓은 곳에 세우셨도다

6 여호와는 내 편이시라 내가 두려워하지 아니하리니 사람이 내게 어찌
   할까

7 여호와께서 내 편이 되사 나를 돕는 자들 중에 계시니 그러므로 나를
   미워하는 자들에게 보응하시는 것을 내가 보리로다

8 여호와께 피하는 것이 사람을 신뢰하는 것보다 나으며

9 여호와께 피하는 것이 고관들을 신뢰하는 것보다 낫도다

10 뭇 나라가 나를 에워쌌으니 내가 여호와의 이름으로 그들을 끊으리로다

11 그들이 나를 에워싸고 에워쌌으니 내가 여호와의 이름으로 그들을 끊
   으리로다

12 그들이 벌들처럼 나를 에워쌌으나 가시덤불의 불 같이 타 없어졌나니

내가 여호와의 이름으로 그들을 끊으리로다

13 너는 나를 밀쳐 넘어뜨리려 하였으나 여호와께서는 나를 도우셨도다

14 여호와는 나의 능력과 찬송이시요 또 나의 구원이 되셨도다

15 의인들의 장막에는 기쁜 소리, 구원의 소리가 있음이여 여호와의 오
른손이 권능을 베푸시며

16 여호와의 오른손이 높이 들렸으며 여호와의 오른손이 권능을 베푸시
는도다

17 내가 죽지 않고 살아서 여호와께서 하시는 일을 선포하리로다

18 여호와께서 나를 심히 경책하셨어도 죽음에는 넘기지 아니하셨도다

19 내게 의의 문들을 열지어다 내가 그리로 들어가서 여호와께 감사하리
로다

20 이는 여호와의 문이라 의인들이 그리로 들어가리로다

21 주께서 내게 응답하시고 나의 구원이 되셨으니 내가 주께 감사하리이다

22 건축자가 버린 돌이 집 모퉁이의 머릿돌이 되었나니

23 이는 여호와께서 행하신 것이요 우리 눈에 기이한 바로다

24 이 날은 여호와께서 정하신 것이라 이 날에 우리가 즐거워하고 기뻐
하리로다

25 여호와여 구하옵나니 이제 구원하소서 여호와여 우리가 구하옵나니
이제 형통하게 하소서

26 여호와의 이름으로 오는 자가 복이 있음이여 우리가 여호와의 집에서

너희를 축복하였도다

27 여호와는 하나님이시라 그가 우리에게 빛을 비추셨으니 밧줄로 절기

제물을 제단 뿔에 맬지어다

28 주는 나의 하나님이시라 내가 주께 감사하리이다 주는 나의 하나님이

시라 내가 주를 높이리이다

29 여호와께 감사하라 그는 선하시며 그의 인자하심이 영원함이로다

하나님의 청지기로 살아간다는 것

바이오스타줄기세포기술연구원을 창립하고 연구를 시작한 지 어느덧 사반세기가 되었습니다. 처음 연구실의 문을 열던 날을 떠올리면, 그 시간은 한순간처럼 스쳐간 것 같기도 하고, 또 한 생애처럼 길게 느껴지기도 합니다. 그동안 수많은 실험과 실패, 조심스러운 전진과 뜻밖의 발견이 있었습니다. 생명이 회복되는 현장을 지켜보며 말로 다 표현할 수 없는 감격과 두려움을 동시에 경험해왔습니다. 지금 이 자리에서 분명히 말할 수 있는 것은 이 여정이 결코 나 혼자의 길이 아니었다는 사실입니다.

이 책을 마무리하며, 저는 다시 처음의 자리로 돌아옵니다. 줄기세포를 연구하기 시작했을 때의 질문, 즉 '생명이란 무엇인가'라는 질문 그리고 '인간은 어떻게 늙지 않고 아프지 않게 살아갈 수 있는가'라는 질문 앞에 다시 섭니다. 긴 여정을 돌아보니, 그 모든 질문의 끝에서 제가 붙들게 된 한 단어는 결국 사랑이었습니다.

성경은 삶의 태도를 단순하고도 분명하게 가르칩니다.

"항상 기뻐하라. 쉬지 말고 기도하라. 범사에 감사하라"(데살로니가전서 5:16~18)

줄기세포 연구자는 단순히 기술을 다루는 사람이 아닙니다. 줄기세포 연구자는 창생의학을 통해 하나님의 창조 질서를 탐구하고, 그 질서를 생명을 살리는 방향으로 사용하도록 부름받은 하나님의 청지기입니다. 청지기란 소유자가 아니라 맡은 자입니다.

모든 생명과 모든 지혜의 주인은 하나님이시며, 우리는 다만 그분의 뜻에 따라 그것을 관리하고 선용할 책임을 맡았을 뿐입니다.

그래서 저는 이 고백으로 이 책을 닫고자 합니다. 한 손에는 줄기세포를 들고, 다른 한 손에는 성경을 들겠습니다. 과학과 신앙을 나누지 않고, 서로 대립시키지 않으며, 기도하며 연구하겠습니다. 연구의 시작과 끝에서 하나님께 묻고, 생명을 다루는 모든 순간마다 겸손히 무릎 꿇겠습니다. 하나님 사랑과 이웃 사랑을 분리하지 않고, 연구실 안에서의 성실함과 연구실 밖에서의 겸손한 삶을 하나로 살겠습니다.

저는 '시편 23편'을 언제나 읊조립니다. "여호와는 나의 목자시니 내게 부족함이 없으리로다" 이 고백은 위기의 순간마다 방향을 되돌려주는 나침반이 되어주었습니다. "푸른 초장과 쉴 만한 물가로 인도하신다"는 약속은 조급함을 내려놓고 하나님의 시간에 맡기라는 초대였습니다. "사망의 음침한 골짜기를 지날 때에도 함께하신다"는 확신은 연구와 삶의 어두운 순간마다 두려움을 잠재웠습니다.

돌이켜보면 이 모든 여정은 제가 이룬 것이 아니라 하나님이 허락하신 길이었습니다. 만남, 깨달음, 연구의 진전 그리고 생명이 회복되는 장면들까지 모두 하나님의 사랑이었고 은혜였습니다.

이제 이 책의 독자 역시 같은 초대 앞에 서게 되기를 바랍니다. 항상 기뻐하고, 쉬지 말고 기도하며, 범사에 감사하는 삶의 리듬 안에서 생명을 더 소중히 여기시길 바랍니다. 몸과 마음과 영을 하나로 돌보며, 사랑 안에 거하라는 초대입니다. 늙지 않고 아프지 않는 인생은 완벽한 삶이 아니라, 하나님의 사랑 안에 거하는 삶입니다.

모든 것이 하나님의 사랑이요, 모든 것이 하나님의 은혜입니다.

라정찬 박사 논문 요약집

줄기세포 치료의 과학적 근거와 임상 전환의 기록

이 부록은 라정찬 박사가 공저자로 참여한 주요 학술논문들을 독자가 이해하기 쉬운 형태로 정리한 것이다. 각 논문은 원문에 근거하여 사실만을 바탕으로 요약되었으며, 줄기세포 치료 연구가 실험실 단계를 넘어 임상과 실제 치료 영역으로 확장되어온 과정을 보여준다.

특히 이 부록은 자가면역질환, 신경계 질환, 노화 및 수명 연구에 이르기까지 지방유래중간엽줄기세포의 과학적·의학적 의미를 한눈에 조망할 수 있도록 구성되었다. 각 논문은 동일한 분량과 문체로 정리되어, 학술적 연속성과 연구 궤적을 명확히 드러낸다.

이 부록이 독자에게 줄기세포 치료의 현재와 미래를 이해하는 데 신뢰할 수 있는 참고자료가 되기를 바란다.

1. Safety of intravenous infusion of human adipose tissue-derived mesenchymal stem cells in animals and humans (Stem Cells and Development, 2011)

이 논문은 지방유래중간엽줄기세포(adipose-derived mesenchymal stem cell, AD-MSC)를 사람에게 정맥으로 투여하는 것이 안전한지에 대해 동물 및 인간을 대상으로 체계적으로 검증한 연구이다. 연구진은 줄기세포 치료의 임상 적용에서 가장 핵심적인 우려 요소인 독성 및 종양 발생 가능성을 동물실험을 통해 평가하였다.

동물실험에서 용량 의존적으로 지방줄기세포를 정맥 투여한 후 생체 징후 및 조직병리학적 분석한 결과, 독성이 관찰되지 않았다. 또한 26주 종양원성 평가에서 종양 발생이 관찰되지 않았다. 척수 손상 환자를 대상으로 한 임상 시험에서도 중대한 부작용이 보고되지 않았다.

결론적으로, 인간 지방줄기세포의 전신 투여(정맥 내 투여)가 안전하고 종양을 발생시키지 않음을 확인하였다.

2. Stem cell treatment for patients with autoimmune disease by systemic infusion of culture-expanded autologous ADMSCs (Journal of Translational Medicine, 2011)

이 연구는 자가면역질환 환자를 대상으로 자가 지방유래중간엽줄기세포를 정맥으로 전신 투여하여 안전성과 임상적 효과를 동시에 평가한 연구이다. 대상 환자는 자가면역성 난청(autoimmune hearing loss), 다발성 경화증(multiple sclerosis), 다발근염(Polymyositis), 아토피성 피부염, 류마티스 관절염 환자이다.

자가면역성 난청 환자의 사례에서는 청력 기능이 회복되었다. 류마티스 관절염 사례에서는 전반적인 임상 증상과 삶의 질 개선이 관찰되었다. 이 논문의 결과는 다른 치료 옵션이 없는 환자에게 전신 투여된 자가 지방줄기세포의 안전성과 치료 가능성에 대한 설득력 있는 증거를 제시한다.

3. Reversal of serologic, immunologic, and histologic dysfunction in mice with systemic lupus erythematosus by long-term serial adipose tissue-derived mesenchymal stem cell transplantation (Arthritis & Rheumatism, 2012)

이 논문은 인간 지방 중간엽줄기세포 이식이 전신성 홍반성 루푸스(SLE)에 미치는 효능을 조사하고, 지방줄기세포의 이식이 효과를 보이기 위한 적합한 투여 시기를 결정하기 위해 수행한 연구이다. 자가면역 질환이 자연 발생하는(NZB × NZW) F1 마우스 모델을 사용하여 지방줄기세포를 정맥 내로 생후 6주부터 60주까지 2주 간격으로 투여한 후, 전신성 홍반성 루푸스에 대한 효과를 평가하였다. 또 다른 실험에서는 연속 투여 시작 시점을 다르게 설정하였다(생후 6주 또는 생후 32주).

연구 결과, 인간 지방줄기세포를 장기간 연속 투여는 부작용 없이 전신성 홍반성 루프스 증상을 개선시켰다. 인간 지방줄기세포 투여는 조직학적 및 혈청학적 이상 소견과 면역기능이 개선되었을 뿐 아니라 생존율이 유의미하게 높았으며, 단백뇨와 자가 항체를 유의적으로 감소시켰다. 초기 단계 치료군이 진행단계 치료군보다 더 나은 결과(더 높은 생존율 및 더 낮은 단백뇨 발생률)를 보였다.

이 연구는 인간 지방 중간엽줄기세포의 연속 이식이 부작용 없이 전신성 홍반성 루푸스 치료에 유익한 효과를 나타냄을 보여주었고, 줄기세포 투여 시점을 질병 발병 전에 투여하는 것을 제시함으로써 줄기세포의 전신성 홍반성 루푸스에 대한 치료 효과를 높이는 방법을 제시한다.

4. Intra-articular injection of mesenchymal stem cells for the treatment of osteoarthritis of the knee: A Proof-of-Concept Clinical Trial (Stem Cells, 2014)

이 연구는 무릎 퇴행성 골관절염 환자를 대상으로 지방유래중간엽줄기세포를 용량별로 관절강 내 투여한 후 안전성과 임상적 유효성을 평가한 임상연구이다. 지방줄기세포를 투여받은 환자에게서 치료와 관련된 부작용은 관찰되지 않았다. 임상 1차 유효성 지표인 관절 기능 점수(WOMAC)가 고용량 줄기세포 투여군(1×10^8 세포)에서 유의한 개선을 보였다. 관절경 검사 결과, 고용량 줄기세포 투여군에서 연골 결손 크기가 감소한 것으로 나타났으며, 조직학적 검사 결과 유리 연골과 유사한 연골 재생이 관찰되었다.

연구 결과는 골관절염이 있는 무릎에 지방줄기세포(1×10^8 세포)를 관절강 내 주사하면 부작용 없이 무릎 관절의 기능과 통증이 개선되고, 유리 연골과 유사한 관절연골 재생을 통해 연골 결손이 감소함을 보여주었다. 이 논문의 결과는 무릎 골관절염의 치료를 위한 새로운 진전을 제시하고 있다.

5. Anti-osteoarthritis effect of a combination treatment with human adipose tissue-derived mesenchymal stem cells and

이 논문은 thrombospondin 2(TSP-2)가 인간 지방유래중간엽줄기세포의 연골세포 분화를 유도하는지 조사하고, 토끼 골관절염 모델에서 지방유래중간엽줄기세포의 치료 효과를 증진시키는지를 평가한 연구이다. 전방십자인대 절단을 통해 만든 토끼 관절염 모델에서 지방줄기세포를 손상된 무릎에 단독 투여 또는 TSP-2의 관절강 내 주사(2일 간격)와 병용 투여하였다. 골관절염 진행은 육안, 방사선학적 및 조직학적 검사를 통해 모니터링하였다. In vitro 연구 결과 TSP-2 가 지방줄기세포의 연골분화를 촉진시켰다. 토끼 관절염 모델에서 지방유래줄기세포 또는 TSP-2단독으로 투여받은 그룹에서 8주 만에 연골퇴행, 골극형성 및 세포외 기질 손상 정도가 감소하였다. 특히, 지방줄기세포와 TSP-2를 병용 투여했을 때 이러한 연골 손상이 더욱 완화되었다. 또한 염증성 사이토카인이 현저하게 감소하였다.

이 연구는 TSP-2가 지방줄기세포의 연골분화를 촉진하며, 지방줄기세포와 TSP-2를 병용한 치료가 골관절염 관절의 연골재생에 시너지 효과를 나타낸다는 것을 보여준다.

6. Effects of expanded human adipose tissue-derived

mesenchymal stem cells on the viability of cryopreserved fat grafts in the nude mouse (International Journal of Medical Sciences, 2011)

이 연구는 냉동 보관된 지방 이식편의 생존율을 향상시키기 위한 방법으로 배양된 지방유래중간엽줄기세포의 효과를 평가한 비임상 연구이다. 지방 이식은 재건·미용 분야에서 널리 사용되지만, 이식 후 생착률이 낮다는 한계가 존재한다. 연구진은 냉동보관 지방조직의 생존율과 품질에 대한 배양된 지방줄기세포의 효과를 조사하였다.

연구 결과 배양된 지방줄기세포가 냉동 보관된 지방 조직의 생존율을 향상시켰다. 조직학적 평가 결과, 배양된 지방줄기세포군에서 지방세포의 완전성(integrity)이 현저히 향상된 것으로 나타났다.

이 연구는 배양 및 증식된 지방줄기세포가 줄기세포 수를 증가시켜 냉동 보존된 지방이식편의 재건 능력을 가지고 있다는 근거를 보여준다.

7. The preventive and therapeutic effects of intravenous human adipose-derived stem cells in Alzheimer's disease mice (PLoS ONE, 2012)

이 논문은 알츠하이머병 마우스 모델에서 지방유래줄기세포를 정맥 투여했을 때의 예방 및 치료 효과를 평가한 연구이다. 알츠하이머병은 아밀로이드 베타 축적과 만성 염증 반응이 주요 병리 기전으로 알려져 있다.

줄기세포를 투여한 마우스에서는 기억력 저하가 유의미하게 개선되었고, 뇌 조직 내 아밀로이드 베타 침착이 감소하였으며, 항염증성 인자인 IL-10과 신경영양인자들의 발현이 증가하였다.

이 연구는 정맥주사 또는 뇌내 이식된 인간 지방유래줄기세포가 알츠하이머 모델동물의 뇌에서 IL-10 및 VEGF 발현을 증가시켜 기억력 결손 및 신경병증을 유의미하게 개선하며, 이는 알츠하이머병의 예방 및 치료에 지방유래줄기세포가 활용될 가능성이 있음을 처음으로 보여준다.

8. Therapeutic potentials of human adipose-derived stem cells on the mouse model of Parkinson's disease (Neurobiology of Aging, 2015)

이 연구는 지방유래줄기세포의 파킨슨병 예방 및 치료 잠재력을 파킨슨병 마우스 모델에서 조사하고, 이러한 치료 효과와 관련된 요인을 규명하였다. 파킨슨병은 도파민 신경세포의 점진적 소실로 인해 운동 기능 장애가 발생하는 대표적인 신경퇴행성 질환이다.

지방줄기세포를 투여한 파킨슨병 마우스에서는 투여 3주 만에 행동 기능이 유의미하게 개선되었다. 또한 지방줄기세포를 주입한 파킨슨병 마우스의 뇌에서 도파민 신경세포가 회복되었고, 구조적으로 변형된 미토콘드리아의 수가 감소하였으며, 미토콘드리아 복합체 활성이 회복되었다. 이 연구는 정맥주사로 이식된 지방줄기세포가 미토콘드리아의 기능을 회복시켜 파킨슨병 치료에 잠저적인 효과를 가질 수 있음을 시사한다.

9. Human adipose-derived stem cells ameliorate repetitive behavior, social deficit and anxiety in a VPA-induced autism mouse model (Behavioural Brain Research, 2017)

이 논문은 자폐 스펙트럼 장아 모델인 발프로산 유도 마우스 모델에서 지방유래줄기세포의 치료 효과를 평가한 연구이다. 자폐 스펙트럼 장애는 사회적 상호 작용 및 의사소통의 어려움을 특징으로 하는 복합적인 신경 발달 장애이며, 환자들은 종종 반복적인 행동 양상을 보인다.

지방줄기세포 투여 후 반복 행동이 감소하고 사회적 상호작용이 회복되었으며, 불안 행동 역시 완화되었다. 지방줄기세포 투여는 VPA에 의해 감소된 마우스 뇌 내에서의 혈관내피 성장인자 및 인터루킨 10 수치를 회복시켰다.

이 연구는 자폐 스펙트럼 장애 모델 마우스에서 인간 지방줄기세포가 자폐 표현형에 미치는 치료 효과를 실험적으로 최초로 규명하였고, 이번 연구에서 활용한 동물모델 시스템이 인간 지방줄기세포의 자폐 스펙트럼 치료 효과에 대한 추가적인 기전을 규명하는 데 활용할 수 있다는 근거를 제공한다.

10. Transplantation of human adipose tissue-derived mesenchymal stem cells delays clinical onset and prolongs life span in an ALS mouse model (Cell Transplantation, 2014)

이 연구는 근위축성 측삭경화증(ALS) 마우스 모델에서 지방유래중간엽줄기세포 치료가 질환 진행과 생존 기간에 미치는 영향을 평가하였다. 근위축성 측삭경화증(ALS)는 대뇌 피질, 뇌간 및 척수의 운동신경세포를 선택적으로 손상시키는 신경 퇴행성 질환이다. 정확한 병인 기전은 아직 알려지지 않았으며, 현재 효과적인 치료법은 없다.

지방줄기세포를 투여한 마우스에서는 질환 발병 시점이 지연되었고, 생존 기간이 유의미하게 연장되었다. 또한 지방줄기세포는 신경 보호인자들을 높은 수준으로 분비하는 것이 밝혀졌으며, 이러한 인자들에 의한 세포 사멸 감소가 배양된 중추신경계 세포와 ALS 척수에서 확인되었다.

이 연구는 ALS 마우스에 지방줄기세포를 이식하면 사이토카인/성장인자 생성을 통해 신경 보호 효과를 제공하고, 질병 진행을 지연시키며 ALS 마우스의 수명을 연장한다는 것을 보여준다.

11. Human adipose tissue-derived mesenchymal stem cells improves cognitive function and physical activities in ageing mice (Journal of Neuroscience Research, 2013)

이 논문은 노화 마우스 모델에서 지방유래중간엽줄기세포가 인지 기능과 신체 활동성에 미치는 영향을 평가하였다. 뇌 노화는 콜린성 신경계의 위축 및 퇴화를 초래하여 아세틸콜린 생합성 감소와 성장 인자 및 신경영양 인자 분비 감소로 인해 심각한 신경행동 및 인지 기능 장애를 유발한다. 인간 지방줄기세포 투여는 노화 마우스에서는 운동 활동과 인지 기능 모두를 향상시켰고, 뇌에서의 아세틸콜린 수준을 회복시켰다. 투여된 지방줄기세포는 신경세포로 분화되었고 부분적으로 성상 세포로 분화되었으며 콜린아세틸트랜스퍼라제 단백질을 생산하였다.

이러한 결과는 인간 지방줄기세포가 뇌 미세환경에서 신경세포로 분화하고 아세틸콜린의 합성을 증가시킬 뿐만 아니라 신경세포의 안전성을 회복시킴으로써 노령쥐의 신체적 및 인지적 기능을 회복시킬 수 있음을 나타낸다.

12. In vitro migration capacity of human adipose tissue-derived mesenchymal stem cells reflects their expression of receptors for chemokines and growth factors (Experimental & Molecular Medicine, 2011)

이 연구는 다양한 사이토카인 또는 성장인자에 대한 인간 지방유래중간엽줄기세포의 이동 능력(migration)을 평가하고 이들의 수용체 발현 수준을 평가한 연구이다. 지방줄기세포의 병변 표적 이동 능력은 정맥주사를 이용한 줄기세포의 치료 효과를 결정하는 중요한 요소이다. 연구 결과, 지방줄기세포의 이동 능력은 특정 케모카인 수용체와 성장인자 수용체의 발현 수준과 밀접하게 연관되어 있음이 확인되었다. 이 연구는 지방 줄기세포의 이동능력을 시험관 내에서 미리 조절하면 줄기세포의 정맥 내 주사 시 생체 내 손상 부위로의 이동을 촉진할 수 있으며, 따라서 줄기세포의 치료 잠재력을 향상시킬 수 있다는 근거를 보여주는 연구이다.

13. Enhanced proliferation and differentiation of Oct4- and Sox2-
overexpressing human adipose tissue mesenchymal stem
cells (Experimental & Molecular Medicine, 2014)

이 연구는 Oct4와 Sox2를 과발현시킨 지방유래중간엽줄기세포의 증식
능력과 분화 잠재력을 평가하였다. Oct4와 Sox2가 과발현된 줄기세포
는 기존 줄기세포보다 증식 속도가 빠르고 분화 능력이 향상된 특성을 보
였다. 이러한 Oct4/Sox2 발현을 이용한 세포 증식 및 분화 개선은 지방
줄기세포의 수를 늘리고 특성을 향상시켜 줄기세포의 특성을 향상시키는
데 유용한 방법이 될 수 있음을 말해준다.

14. Transplantation of CTLA4Ig gene-transduced adipcse tissue-
derived mesenchymal stem cells reduces inflammatory
immune response and improves Th1/Th2 balance in
experimental autoimmune thyroiditis (Journal of Gene Medicine,
2011)

이 연구는 면역조절 기능을 강화하기 위해 CTLA4Ig 유전자를 도입한 지
방유래중간엽줄기세포의 치료 효과를 평가한 비임상 연구이다. 자가면역
성 갑상선염 모델을 사용하여 면역 반응 조절 효과를 분석하였다.

CTLA4Ig 유전자가 도입된 줄기세포의 정맥 내 투여는 전신 염증성 사이토카인 수치를 감소시켜 자가면역 갑성선염을 완화시켰고, Th1/Th2 면역 균형을 향상시켰다. 이 논문은 유전자 도입 줄기세포 및 줄기세포 투여가 장기 특이적 자가면역질환 치료에 매력적인 후보가 될 수 있음을 제시한다.

15. Comparison of anti-oxidative effect of human adipose- and amniotic membrane-derived mesenchymal stem cell conditioned medium on mouse preimplantation embryo development (Antioxidants, 2021)

이 연구는 지방유래 및 양막유래 중간엽줄기세포 배양액(conditioned medium)의 항산화 효과를 비교 평가한 연구이다. 세포 자체를 투여하지 않고 분비 인자만을 활용하는 세포 없는 치료(cell-free therapy)의 가능성에 주목하였다.

줄기세포 배양액 처리군에서는 배아 발달률이 향상되었고, 산화 스트레스 지표가 감소하였다. 특히 양막유래 줄기세포 배양액에서 항산화 효과가 두드러지게 나타났다.

이 연구는 줄기세포 배양액이 보조 생식기술의 개선을 위한 새롭고 효과
적인 항산화제로서 개발될 수 있음을 시사한다.

16. Anti-oxidative effects of human adipose stem cell conditioned medium with different basal medium during mouse embryo in vitro culture (Animals, 2020)

이 논문은 지방유래줄기세포 배양액의 항산화 효과가 배양 조건에 따라 어떻게 달라지는지를 분석한 연구이다. 연구 결과, 배양 배지 조건에 따라 배아 발달률과 산화 스트레스 억제 효과에 유의한 차이가 나타났다. 이 연구는 DMEM 배지 조건에서 얻어진 줄기세포 배양액(conditioned media)이 항산화 및 항세포 사멸 효과를 통해 체외 배아 발달 및 보조 생식 성공율을 향상시키는 데 최적의 보충제가 될 수 있음을 입증한 최초의 연구이다.

17. Clinical assessment after human adipose stem cell transplantation into dogs (Journal of Veterinary Science, 2018)

이 연구는 인간 지방유래줄기세포를 개에 이식한 후 임상 평가를 수행한 논문이다.

인간 지방줄기세포를 개에 이식한 후 신체 검사와 혈액 검사를 시행하였고, 혈관신생 인자, 염증 촉진 및 억제 사이토카인의 농도를 측정하였다. 인간 줄기세포를 투여받은 모든 개의 생체 징후에서 이상 반응이 나타나지 않았고, 혈액 검사에서도 이상 소견이 관찰되지 않았다. 인간 지방줄기세포 투여군에서 혈관신생인자와 항염증 인자가 대조군에 비해 유의미하게 높았다. 결론적으로 이 연구는 인간 지방줄기세포 이식이 부작용을 일으키지 않으며 개에게 안전하게 사용될 수 있음을 입증하였다. 또한 인간 지방줄기세포 이식은 현저히 높은 농도의 혈관신생인자와 항염증 인자를 유도할 수 있으며, 이는 인간 지방줄기세포가 허혈성 혈관 질환을 가진 동물에서 항염증 및 혈관신생인자를 자극하는 새로운 치료제가 될 수 있음을 시사한다.